영어회화
챌린지
200

영어회화 챌린지 200

초판 1쇄 발행 2024년 7월 24일

지은이 지나쌤
펴낸곳 (주)에스제이더블유인터내셔널
펴낸이 양홍걸 이시원

홈페이지 www.siwonschool.com
주소 서울시 영등포구 영신로 166 시원스쿨
교재 구입 문의 02)2014-8151
고객센터 02)6409-0878

ISBN 979-11-6150-865-8 13740
Number 1-010205-23232300-03

영어회화
챌린지

지나쌤 지음

S 시원스쿨닷컴

머리말

"전 아직 회화를 배울 실력이 안 돼요."
"회화를 너무 하고 싶긴 한데, 우선 문법이랑 독해부터 완벽하게 하려고요."

학생들의 이러한 고민에 저는 깜짝 놀람과 동시에 안타까움을 느꼈습니다.
회화를 배울 실력은 과연 어느 정도일까요?
문법과 독해가 완벽해지는 시점엔 회화를 시작할 수 있을까요?

회화는 바로 지금, 시작하셔야 합니다.
완벽하게 준비된 때는 오지 않을 뿐더러, 막연한 두려움에 회화를 미루다보면 입을
떼기가 점점 더 어려워질 뿐이기 때문입니다.

저는 해외 유학 경험과 영어 영문학에 대한 연구를 바탕으로, 지난 8년간 직장인부터
유명 연예인까지 다양한 학생들을 티칭하며, 한국인들이 어려워하는 영어 포인트에
대한 깊은 이해와 공감대를 가지게 되었습니다. 그런 고민을 통해 흔히 말하는 '교과
서식' 딱딱한 표현이 아닌, 네이티브들이 하루에도 수십 번씩 사용하는 살아있는 영어
를 이 책에 담았습니다. 또한 직접 겪고 느낀 영미권의 생활문화와 생생한 팁을 추가
해, 보다 맥락에 맞는 '센스 있는 말하기'를 할 수 있게 도와드릴 것입니다.

오늘 외우기만 하면 내일 바로 사용할 수 있는 표현들을 익히고 말해 보면서, 영어회
화에 대한 자신감을 가져 보시길 바랍니다.
직접 엄선한 활용도 높고 트렌디한 영어 표현들, 그리고 그 상황까지 학습하며 자투
리 시간을 영어로 채우고, 영어 공부의 기쁨을 만끽하시길 바라요!

지나쌤 드림

지금 네이티브들이 가장 많이 쓰는 표현!

네이티브들이 밥 먹듯이 매일 쓰는 그 표현을
하루에 1개 표현씩 외워 보세요.
지나쌤의 친절한 설명으로 이해도 쏙쏙!

활용도 100% Conversation

이 표현은 어디에 쓸까? 활용도 100% 실제 대화를
통해 배운 표현을 어떻게 쓰는지 확인해 보세요.

지나쌤의 현지 영어 TIP + 네이티브 뉘앙스

배운 표현 외에 네이티브들이 정말 많이 쓰는 현지
영어들을 TIP으로 실었어요. 외워 두면 네이티브처럼
말하는 건 시간 문제!

부록: 통문장 영작하기

앞에서 학습한 문장들을 우리말만 보고 영작해 보세요.
통문장을 다 쓸 수 있어야 말도 할 수 있다는 사실!
정답은 목차를 보며 확인하세요.

네이티브들이 밥 먹듯이 쓰는 표현들을 한눈에 확인하세요.

56 벅차네. / 과하네. **It's overwhelming.** | 57 신기한데! **That's interesting!** | 58 너무 기대돼! **I'm so excited!** | 59 궁금해 죽겠네! **I'm dying to know!** | 60 그래서 그랬구나. **That's why.** | 61 잘 됐네요! **Good for you!** | 62 계속해. **Go on.** | 63 내 말 맞지? **Am I right?** | 64 진심이 아니었어. **I didn't mean it.** | 65 오해하지 마세요. **Don't get me wrong.** | 66 네 알 바 아니잖아. **None of your business.** | 67 그 얘기 꺼내지 마세요. **Don't bring it up.** | 68 간단히 말해서, **(To make a) Long story short,** | 69 말이 안 되잖아. **It doesn't make sense.** | 70 다 괜찮은 거죠? **Is everything okay?** | 71 목소리 낮춰 주세요. **Please lower your voice.** | 72 당분간은 **For the time being** | 73 지금부터, **From now on,** | 74 그게 묘미지. **That's the beauty of it.** | 75 [강조할 때] 말 그대로, **Literally,** | 76 나 좀 내버려둬. **Leave me alone.** | 77 나 토할 것 같아. **I feel like throwing up.** | 78 내가 왜 그랬지? **What was I thinking?** | 79 괜찮으시다면, **If you don't mind,** | 80 마음이 바뀌었어. **I changed my mind.** | 81 건배! **Cheers!** | 82 우리 전에 만난 적 있나요? **Have we met before?** | 83 금방 돌아올게. **I'll be right back.** | 84 너답지 않아. **It's (so) unlike you.** | 85 나 어제 밤새웠어. **I stayed up all night.**

86 그녀에게 고백해! **Ask her out!** | 87 만나는 사람 있어? **Are you seeing someone[anyone]?** | 88 그녀는 내게 과분해. **She's out of my league.** | 89 어장관리 하지 마. **Stop leading me on!** | 90 그녀가 잠수 탔어요. **She ghosted me.** | 91 그녀가 나를 찼어. **She dumped me.** | 92 실물이 더 멋지세요! **You look better in person!** | 93 남편감 **Husband material** | 94 우리 공통점이 많네요. **We have a lot in common.** | 95 걔한테 완전 빠졌어. **I have a crush on him.** | 96 소개팅 시켜 줘. **Can you set me up?** | 97 넌 너무 눈이 높아! **You're so picky!** | 98 걔 내 전 남친이야. **He's my ex-boyfriend.** | 99 우리 친한 사이야. **We're close.** | 100 밥 잘 챙겨 먹어. **Don't skip meals.** | 101 끼부리지 마. **Stop flirting.** | 102 그는 발이 넓어. **He's well-connected.** | 103 그거 공감해. **I can relate to that.** | 104 나 결정장애야. **I'm so indecisive.** | 105 재미있었어. **It was fun.** | 106 나 취업 준비 중이야. **I'm looking for work[a job].** | 107 답답해. **It's frustrating.** | 108 나 소외감 느껴. **I feel left out.** | 109 나한테 갑질하지 마. **Don't boss me around.** | 110 계속 소식 들려줘. **Keep me updated.**

111 이럴줄 몰랐어. **I didn't see it coming.** | 112 오늘 정말 힘들었어. **I had a long day.** | 113 여기까지 합시다. **Let's call it a day.** | 114 내가 해냈어! **I made it!** | 115 나눠서 내자. / 더치페이하자. **Let's split it.** | 116 넌 제멋대로야. **You're spoiled.** | 117 철 좀 들어라! **Grow up!** | 118 그럭저럭이에요. / 불만은 없어요. **Can't complain.** | 119 나 필 받았어! **I'm on fire!** | 120 나 다 했어. **I'm done.** | 121 내가 처리할게. **I got this.** | 122 여긴 무슨 일이야? **What brings you here?** | 123 이거 작동이 안 돼요. **It doesn't work.** | 124 음식이 상했어. **It's gone bad.** | 125 뜬금없어. **That's so random.** | 126 일이 좀 생겼어. **Something came up.** | 127 맹세해. **I swear.** | 128 천천히 하세요. **Take your time.** | 129 선착순입니다. **(It's) First come first served.** | 130 테이크아웃 할게요. **To go, please.** | 131 어쩌다 한 번 **Once in a while** | 132 머릿속이 복잡해 **I have a lot on my mind.** | 133 나 길치야. **I'm bad with directions.** | 134 만감이 교차하네. **I have mixed feelings.** | 135 얼마 전에 / 저번에 **The other day** | 136 영원히 **For good** | 137 두말하면 잔소리지. **It goes without saying.** | 138 지금 가는 중이야. **I'm on my way.** | 139 우리 괜찮은 거지? **(Are) We cool?** | 140 ~의 이름으로 **Under the name of ~**

141 그거 알아? **Guess what?** | 142 왜 이래~! **Come on~!** | 143 나 좀 태워다 줄 수 있어? **Can you give me a ride?** | 144 그렇게 하세요. **Be my guest.** | 145 그 정도 했으면 됐어! / 그만해! **Enough is enough!** | 146 그게 다야? **That's it?** | 147 괜찮아요. **You're good.** | 148 그 말 취소할게. **I take it back.** | 149 너답게 행동해. **Just be yourself.** | 150 자책하지 마. **Don't be so hard on yourself.** | 151 말 조심해! **Watch your language!** | 152 곧 뒤따라갈게. **I'll catch up with you.** | 153 너그렇게 봐줘. **Let it pass.** | 154 노력 중이야. **I'm working on it.** | 155 보아하니, / 듣자 하니, **Apparently,** | 156 그렇구나. / 알았어. **Gotcha.** | 157 잠깐 쉬죠. **Let's take five.** | 158 하필이면! **Of all things!** | 159 지금이 절호의 기회예요. **It's now or never.** | 160 그냥(참고로) 말하자면, **Just so you know,** | 161 도대체 왜? / 어째서? **How come?** | 162 재촉하지 마. **Don't rush me.** | 163 전 좋아요. **(It) Works for me.** | 164 반반씩 양보하자. **Let's meet halfway.** | 165 잘난 척하지 마. **Get over yourself.** | 166 미안해. **My bad.** | 167 비밀이야. **It's just between you and me.** | 168 어쩔 수 없어. **I can't help it.** | 169 그냥 내 생각일 뿐이지만, **For what it's worth,** | 170 뻔하지. **It's obvious.**

01

네이티브가
매일 쓰는 영어 표현

일상 표현

001

별일 없어?

What's up?

"와썹?" 미국 영화나 드라마만 봐도 심심치 않게 등장하는
표현이죠. 정확히 해석을 하려고 하기보다, 느낌 자체를 받아
들여야 하는 표현이에요. 기본적으로 What's up?은 What
have you been up to?(뭐 하고 있었어?, 별일 없어?) 또는
What happened?(무슨 일이야?)의 두 가지 뜻을 가지고 있습니다.

A : What's up? 별일 없어?

B : Nothing much. 딱히 없어(별일 없어).

A : What's up? 뭐 하고 있었어?

B : Just studying finals. 기말고사 공부하고 있어.

✓ 지나쌤의 현지 영어 TIP!

네이티브들이 습관적으로 사용하는 What's up?에 말문이 막힌다면, 가장
많이 쓰는 세 가지 답변을 연습해 보세요.

Not much. 별일 없어. / **Nothing.** 아무것도. / **What's up?** 별일 없지?

002

어떻게 지내?

How are you?

요즘 어떻게 지내는지, 하는 일은 잘 되어 가는지, 기분이 어떤지 등 상대방의 안부를 묻는 표현입니다. 네이티브들에게 Hey, how are you?는 우리의 "안녕하세요?"와 같은 일상적인 표현이기 때문에 꼭 알아 둬야 해요.

A : **Hey, how are you?** 안녕, 어떻게 지내?

B : **I'm good. How are you?** 잘 지내. 너는?

A : **How are you** doing these days?
요즘 어떻게 지내?

B : **Not so good.** 잘 못 지내.

☑ 지나쌤의 현지 영어 TIP!

How are you?는 다음과 같이 바꿔 말할 수도 있어요.

How are you doing? = How's it going?
〔더 친한 사이에 사용〕

003

어떻게 지냈어?

How have you been?

오랜만에 만난 사람에게 안부를 물을 때 "어떻게 지냈어?"라는
의미로 유용하게 쓰이는 표현이에요. 못 만난 기간 동안 잘 지냈
는지, 뭐 하며 지냈는지를 궁금해하는 표현이므로 "잘 지내.",
"바쁘게 지내." 같이 근황을 대답하면 돼요.

A : How have you been? 어떻게 지내?

B : I've been good. (나는) 잘 지내요.

A : Long time no see!
   How have you been lately?
   오랜만이야! 요즘에 어떻게 지내?

B : I've been busy. (나는) 바빴어.

✅ 지나쌤의 현지 영어 TIP!

'현재완료형(have+p.p.)'으로 질문한 만큼, 대답할 때에도 현재완료형을
사용해야 합니다.

I'm good. 잘 지내. (X) → **I've been good.** 잘 지냈어. (O)

004

별일 아냐.
It's not a big deal.

"그게 뭐 대수라고.", "별거 아니야."라고 말할 때 사용해요.
상대방이 감사 인사를 할 때 답변으로, 사과를 할 때 괜찮다는
의미로, 불안해할 때 위로하는 말로 다양하게 쓸 수 있어요.
같은 뜻으로 What's the big deal? / No big deal! 등이 있어요.

A : I think I made a mistake.
   What should I do?
   나 실수한 거 같아. 어쩌지?

B : You'll be fine. **It's not a big deal.**
   괜찮을 거야. 별일도 아닌데, 뭐.

A : Thank you so much for helping me.
   도와주셔서 정말 감사합니다.

B : **No big deal.** I'm happy to help out.
   별거 아니에요. 도와드릴 수 있어서 좋네요.

☑ 지나쌤의 현지 영어 TIP!

big deal이 상황에 따라서 '중요한 일'이 되기도, '안 중요한 일'이 되기도
합니다. Big deal!(거 참 큰일이네~)이라고 비꼬는 표현으로도 많이 사용
되기 때문에 상황에 따라 조심해서 써야 해요.

005

어떻게 됐어요?

How did it go?

시험, 면접, 데이트 등 다양한 상황에 "어떻게 됐어?"라고 묻는
유용한 표현이에요. 여기서 동사 go는 일/상황 등의 진행이
'어떻게 되다', '되어 가다'라는 의미이기 때문에, "어떻게 갔어?"
라고 해석하면 안 돼요.

A : **How did it go** yesterday? 어제 어떻게 됐어?

B : It went really well. 완전 잘됐어(진행됐어).

A : **How did your date go?** (너) 데이트 어떻게 됐어?

B : It didn't go well. 잘 안 됐어.

✓ 지나쌤의 현지 영어 TIP!

it 자리에 구체적 일이나 상황을 넣어 어땠냐고 물어볼 수 있어요.

• **How did** your presentation **go?** 프레젠테이션 어떻게 됐어?

• **How did** your interview **go?** 면접 어떻게 봤어?

• **How did it go** with Tyler? 타일러랑 어떻게 됐어? (대화, 상황 등)

006

이건 어때?

How about this?

어떤 것을 제안하거나 어떤 행동을 권유할 때, "이건 어떤가
요?", "이렇게 하는 건 어때요?"라는 의미로 사용해요.
this 자리에 제안이나 권유하고 싶은 것을 넣어 구체적으로 말할
수도 있어요.

A : How about this? 이건 어떠세요?

B : I think that's good! 좋은 것 같네요!

A : How about eating out tonight?
오늘밤 외식하는 것 어때요?

B : Sounds great! 좋은 걸요!

☑ 지나쌤의 현지 영어 TIP!

about 뒤에는 반드시 명사나 동명사(-ing)가 와야 한다는 것을 기억하세
요. 같은 뜻으로 What about this?라고 바꿔서 말해도 돼요.

007

자니?

Are you up?

"자니…?"라고 헤어진 연인에게 연락해 본 적 있으신가요?
이 표현의 영어 버전은 Are you up?입니다. 여기서 up은 '깨어
있는(awake)'이라는 뜻으로, Are you up? 하면 "깨어 있어?",
즉 "너 아직 안 자?"라는 말이에요.

A : **Are you up right now?** 지금 깨어 있니?

B : **Yes, I am!** 응, 나 안 자!

A : **Are you up?** 안 자?

B : **Yes. What's up?** 응. 무슨 일이야?

☑ 지나쌤의 현지 영어 TIP!

up(깨어 있는)을 활용한 잠 관련 표현을 함께 알아 두세요.

- **I stayed up all night.** 나 밤새웠어(밤새 깨어 있었어).
- **I was up all night.** 나 밤새웠어(밤새 깨어 있었어).

008

(날씨가) 쌀쌀하네.
It's chilly.

추운(cold) 정도는 아니지만, 으스스하고 쌀쌀한 날씨일 때 chilly를 사용해요. 날씨가 '점점 ~해지고 있다'고 말할 때는 It's getting을 써서 It's getting chilly.(점점 쌀쌀해지고 있어.)라고 말하면 됩니다.

A : **How's the weather?** 날씨 어때?

B : **It's chilly** today. 오늘 날씨 쌀쌀해.

A : **It's getting chilly** outside.
날씨가 점점 쌀쌀해지고 있어요.

B : I think so too. 나도 그렇게 생각해.

✔ 지나쌤의 현지 영어 TIP!

실내에서 '밖에' 날씨를 말하는 경우, 한국어와 마찬가지로 outside, out there라는 말을 함께 사용할 수 있어요.

- **It's hot** outside. 밖에 덥네.
- **It's cold** out there. 밖에 (얼어버릴 듯이) 너무 춥다.

009

너무 춥다.
It's freezing.

It's cold!로는 다 표현할 수 없을 만큼 **엄청나게 추운 날씨엔**
It's freezing!이라고 해 보세요. 뭐든지 곧바로 얼어붙을 것
같은 추위에 쓰는 말입니다.

A : It's freezing! 얼어 죽겠어!

B : Me too! 나도!

A : How's the weather today? 오늘 날씨 어때?

B : It's freezing out. 밖에 얼어 죽을 만큼 추워.

✓ 지나쌤의 현지 영어 TIP!

반대로 It's hot!으로 충분하지 않을 정도로 엄청나게 더운 날씨는 It's
melting.이라고 해요. 뭐든지 다 녹아내릴 만큼 덥다는 의미죠.

- **It's melting out there.** 밖에 엄청나게 더워.

010

이것 좀 봐 봐!
Check it out!

팝송에서 Check it out!이라고 하는 것은 한 번쯤 다 들어 보셨죠? "이것 좀 봐 봐~!", "확인해 봐!"라는 뜻이에요. 말할 때는 [췌끼라웃]에 가깝게 발음한답니다. 목적어가 it이나 this인 경우에는 Check과 out 사이에 넣어야 하고, 일반적인 명사를 목적어로 쓸 때는 'Check out+명사' 순으로 쓰면 돼요.

A : Hey, check it out! 야, 이것 좀 봐 봐!

B : Okay. 알겠어.

A : What are you looking at? 너 뭐 보고 있어?

B : Check out that car. 저 차 좀 봐.

✓ 지나쌤의 현지 영어 TIP!

사람에게 사용하면 '(특히 이성을) 매력적인지 확인하기 위해 위아래로 훑어본다'라는 의미가 있으니 주의해서 사용하세요.

A : Check him out! 저 남자 좀 봐 봐!

B : I already checked him out. 이미 봤지.

011

잠시 기다려 줘.
Hold on.

잠시 시간이 필요할 때 Hold on.이라고 말해요. 잡은 상태(hold) 를 유지한다(on)는 의미로, "잠시 기다려 줘."라는 뜻이에요. 뒤에 please를 붙이면 정중한 표현이 되고, Hold on a second. 라고 뒤에 a second(1초만)를 붙여서 '잠깐'이라는 시간을 강조할 수도 있어요.

A : **Hold on a second! I'm not finished.**
잠깐만 기다려! 나 아직 안 끝났어.

B : **Sure, take your time.** 그래, 천천히 해.

A : **Can I talk to Dr. Kim?**
김 선생님과 통화할 수 있을까요?

B : **Hold on, please.** 잠시 (끊지 말고) 기다려 주세요.

☑ 지나쌤의 현지 영어 TIP!

Hold on.은 전화통화 할 때 기다려 달라는 말로도 쓸 수 있어요. 같은 의미 로 Hang on.이라는 표현도 있는데, 이 표현은 좀 더 친한 사이에 주로 사 용하기 때문에 주의하세요.

012

언제부터?

Since when?

평소답지 않은 행동이나 말을 하는 사람에게 "네가 언제부터
그랬어?"라고 따지듯 물을 때, Since when?이라는 표현을
써요. 그냥 Since when?만 써도 되고, 구체적으로 물어볼 때는
뒤에 행동에 대해 자세하게 언급해도 돼요. 이 표현은 비꼬거나
장난칠 때도 사용하므로 분위기나 문맥을 잘 파악해야 해요.

A : **Since when** do you cook?

왜 난데없이 안 하던 요리를 하고 그래?

B : **Since when** do you care?

왜 갑자기 신경 쓰고 그래? (관심도 없었으면서)

A : Hey, are you done with this? 저기, 이거 끝냈어?

B : **Since when** did you become my boss?

당신이 언제부터 상사가 됐어? (동료가 상사같은 행동을 할 때)

☑ 지나쌤의 현지 영어 TIP!

맥락에 따라 따지는 것이 아니라 단순히 "언제부터 그런 일이 있었냐?"고
묻는 질문일 수도 있으니 상황을 잘 파악해서 대화해야 해요.

- **Since when** did you start studying English?
  넌 언제 영어 공부 시작했어?

013

(그럴) 가치가 있어.
(It's) Worth it.

돈이나 시간 등 무엇을 투자할 만한 '가치가 있다'고 말할 때
worth를 사용해서 It's worth it.이라고 말해요. 실제 대화를
할 때는 간편하게 It's를 생략할 수도 있답니다.

A : This project is too hard. 이 프로젝트 너무 힘들어.

B : But it's worth it. 하지만 (노력할 만한) 가치가 있어.

A : It's too expensive. 너무 비싸네요.

B : Yes, but it's worth it. 네, 하지만 그만한 값을 해요.

✅ 지나쌤의 현지 영어 TIP!

목적어 it 자리에 구체적으로 어떤 가치가 있었는지 말해 줄 수 있어요.

- **It's worth** a try. 시도할 만한 가치가 있어.
- **It's worth** the wait. 기다릴 만한 가치가 있어.
- **It's worth** the effort. 노력할 만한 가치가 있어.

014

그런 일도 있는 거지.
That happens.

"살다 보면 이런 일 저런 일 다 있는 거지."라는 뉘앙스로 얘기할 때 쓰는 표현이에요. That happens.를 직역하면, "그것은 (자연스럽게) 일어난다.", 즉 "그런 일도 있는 거야."라는 뜻이 되죠.

A : I got yelled at today. 나 오늘 혼났어.

B : That happens. 그런 일도 있는 거지.

A : My boss gave me a lot of work.
   내 상사가 엄청 많은 일을 줬어.

B : That happens. 그럴 때도 있지.

✅ 지나쌤의 현지 영어 TIP!

That happens.는 주로 좋지 않은 일에 쓰는 경우가 많아요.
그래서 그 뒤에 위로하는 말이 종종 함께 쓰여요.

• **Hang in there!** 조금만 더 버텨!
• **You can get through this!** 넌 이걸 이겨낼 수 있어!
• **You got this!** 넌 할 수 있어!

015

원래 다 그래.

That's how it goes[works].

어떤 일에 대해서 "그건 원래 다 그래."라고 말할 때,
That's how it goes[works].라고 표현해요. 직역하면
"그게 진행되는(go/work) 방식이야."라는 의미죠.

A : When I take a nap, I can't sleep at night.
나는 낮잠 자면 밤에 잠을 못 자.

B : That's how it works. 원래 다 그래.

A : That's not how it works.
[그건] 그렇게 하는 게 아니야[그런 식으로 돌아가는 게 아니야].

B : All right. 알겠어요.

✓ 지나쌤의 현지 영어 TIP!

how 대신에 the way를 사용해서 말할 수도 있어요. 의미는 "원래 다 그런
식인 거야."라는 뜻이에요.

• That's the way it goes[works]. [그건] 원래 다 그런 식인 거야.

016

약속할게. / 장담할게.
I promise you.

어떤 일에 대해서 상대방에게 확신을 줘야할 때, I promise you.라고 말해요. "내가 약속할게/장담할게."라는 뜻으로, 무엇을 약속할지를 구체적으로 말하고 싶으면 you 뒤에 명사 또는 to부정사를 붙여 주면 돼요.

A : I'll keep it a secret. **I promise you.**
　　비밀 지킬게. 내가 장담해.

B : Okay then. 그럼 알겠어.

A : Are you sure? 확실한 거야?

B : **I can't promise you anything.**
　　(어떤 것도) 장담할 순 없어.

☑ 지나쌤의 현지 영어 TIP!

친구와 '약속을 잡다'라고 할 때의 '약속'은 장담이나 확신을 의미하는 promise가 아니라 '계획'을 의미하는 plans를 사용해야 해요. have plans(약속이 있다)라고 하죠.

017

타이밍이 안 좋구나.
This is bad timing.

'인생은 타이밍!' 영어로 타이밍에 대해 이야기해 볼게요.
'타이밍이 좋다/안 좋다'를 표현할 때 good/bad timing이라고
해요. '완벽한 타이밍'이라고 할 때는 perfect timing
이라고 하죠.

A : Can I talk to you right now?
　　지금 얘기 좀 할 수 있어요?

B : **This is bad timing.** 타이밍이 안 좋아.

A : **Perfect timing,** I need your help.
　　마침 잘 왔네, 나 좀 도와줘.

B : **All right.** 알겠어요.

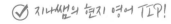 지나쌤의 현지 영어 TIP!

"인생은 타이밍이야."는 Life is all about timing.이라고 해요. all about은
'무언가가 아주 중요하다'라는 뜻이에요. 즉, '인생에선 타이밍이 매우
중요하다', '인생은 타이밍이 전부다'라는 의미인 거죠.

018

꼭 그렇지는 않아.
Not necessarily.

어떤 것에 완전히 동의하기는 어려운데 또 완전히
반대하는 것은 아닐 때, "꼭 그렇지는 않아."라는 뜻으로
Not necessarily.라고 해요.

A : The rich are **not necessarily** happy.
부자들이 반드시 행복한 것은 아니야.

B : You're right. 그건 그래.

. . . .

A : Good looking guys are players.
잘생긴 남자들은 바람둥이야.

B : **Not necessarily.** 꼭 그렇지는 않아.

☑ 지나쌤의 현지 영어 TIP!

완전히 반대할 때는 다음과 같은 표현을 써요.

- **I don't think so.** 난 그렇게 생각하지 않아.
- **I totally disagree.** 난 완전히 반대해.

019

상관없어.
It doesn't matter.

어떤 상황이 이러나 저러나 크게 상관 없을 때, It doesn't matter.을 사용해 보세요. matter은 '문제되다'라는 뜻으로, 직역하면 "그건 문제가 되지 않는다.", 즉 별로 중요하지 않으니 "상관없어."라는 말이에요.

A : Do you want hot or iced?
따뜻한 걸로 드릴까요, 차가운 걸로 드릴까요?

B : Oh, it doesn't matter. 아, 다 상관없습니다.

A : It doesn't matter what other people think.
다른 사람들 생각은 상관없어.

B : I agree. 동의해.

✓ 지나쌤의 현지 영어 TIP!

작은 걸로 민감하게 따지는 사람에게 역으로 질문할 때도 matter을 쓰면 유용해요.

• Does it matter? 그게 중요한가요?

020

왜 그렇게 오래 걸렸어?

What took you so long?

"왜 그렇게 오래 걸렸어?", "왜 이렇게 늦었어?"라고 물어볼 때
What took you so long?이라고 해요. '시간이 걸리다'라는
뜻의 take를 쓴 표현으로, 직역하면 "무엇이 너를 그렇게
오랫동안 붙잡고 있었어?"라는 뜻이에요.

A : **What took you so long?** 왜 이렇게 오래 걸렸어?

B : **Sorry, I slept in.** 미안, 늦게 일어났어.

A : **What took him so long?** 걔 왜 이렇게 늦었어?

B : **He's always late.** 그는 항상 늦어.

☑️ 지나쌤의 현지 영어 TIP!

'시간이 걸리다'라는 뜻의 take와 관련된 표현을 몇 가지 더 알아볼게요.

• **How long does it take?** (시간이) 얼마나 걸려?

• **It takes an hour.** 한 시간 걸려.

• **It won't take long.** 오래 걸리지는 않을 거야.

021

문 좀 닫아 줄래(열어 줄래)?

Can you get the door?

"문 좀 닫아 줄래?"라고 얘기할 때 네이티브들은 Can you close
the door?보다 Can you get the door?을 훨씬 자주 사용해요.
반대로 열어 달라고 할 때도 get을 씁니다. get은 단순히
'열다/닫다'라는 뜻보다 더 포괄적으로 '행동을 취하다'라는
의미가 있어요.

A : **Can you get the door?** 문 좀 닫아 줄래?

B : **Sure!** 그럼!

A : **Who is it?** 누구야?

B : **I'll get the door.**
내가 문 열게.

✓ 지나쌤의 현지 영어 TIP!

상황에 따라 다양하게 활용되는 get!
I'll get it.이라는 한 표현이 어떻게 해석될 수 있는지 볼게요.

① 내가 문 열어(닫아) 줄게.
② 내가 전화 받을게.
③ 내가 그걸 갖다 줄게.

022

새치기하지 마세요.
Don't cut in line.

공공장소나 대기 줄에서 누군가가 새치기를 한다면, Don't cut in line.이라고 말할 수 있어요. cut in line은 '새치기하다'라는 뜻으로, Stop cutting in line.이라고도 말할 수 있어요.

A : **Don't cut in line.** 새치기하지 마세요.

B : **I'm sorry.** 죄송합니다.

A : You just **cut in line.** 방금 새치기하셨어요.

B : Did I? I'm really sorry.
그랬나요? 정말 죄송합니다.

✓ *지나쌤의 현지 영어 TIP!*

cut in은 새치기뿐만 아니라 '대화 중에 말을 끊고 끼어드는 사람'에게도 사용할 수 있어요.

• **Please, stop cutting in.** 제발 그만 끼어들어.

023

줄 선 거야?

Are you in line?

공연, 화장실 등에서 차례를 기다려야 하는데 사람들이 줄을
섰는지 잘 모르겠을 때, Are you in line?이라고 물어볼 수
있어요. 직역하면 "당신은 줄 안에 있나요?", 즉 "줄 선 건가요?"
라고 확인하는 표현이 되죠.

A : Excuse me, are you in line? 줄 서 계신 건가요?

B : Yes, I am. 네, 맞습니다.

A : We're late! Are they in line?
우리 늦었다! 저 사람들 줄 선 건가?

B : I think so. 그런 것 같아.

✓ 지나쌤의 현지 영어 TIP!

'(차례를 기다리는) 줄' 외에 선과 관련된 다양한 표현에 line을 쓸 수 있어요.

- **Hold the line, please.** (전화선을) 끊지 말고 기다리세요.
- **Don't cross the line!** 선 넘지 마! / 도를 넘지 마!
- **Which line should I take?** 내가 몇 호선을 타야 하죠?

024

자리 있나요?
Is this seat taken?

지정 좌석이 아닌 공공장소에서 "자리 비었나요?", "앉아도
되나요?"라고 물어보고 싶을 때는 Is this seat taken?이라고
말해요. 우리말은 자리가 비어 있는지를 묻지만, 영어에서는
자리가 taken(점유된)인지 여부를 물어본답니다.

A : Is this seat taken? 이 자리 주인 있나요?

B : No, you can take it. 아니요, 앉으세요.

A : You can sit here. This seat is not taken.
여기 앉으세요. (자리) 주인 없어요.

B : Oh, thanks! 오, 감사합니다!

☑ 지나쌤의 현지 영어 TIP!

위와 같은 질문은 대답에 유의해야 해요. '자리 주인이 있는지'를 묻는 것
이기 때문에 Yes라고 대답하면 앉으면 안 된다는 말입니다. 앉아도 된다
고 할 때는 No로 대답해야 해요.

025

난 제시간에 왔어.

I'm on time.

늦지 않고 제시간에 도착했을 때 I'm on time.이라고
말할 수 있어요. 사람뿐 아니라 버스/이메일 등이 제시간을
지켰을 때에도 폭넓게 사용할 수 있는 표현이에요.

A : Was she late for school? 그녀는 학교에 늦었니?

B : No, she's always on time.
아니, 그녀는 항상 시간을 잘 지켜(제시간에 와).

A : I'll finish on time. 제시간에 마칠게요.

B : Are you sure? 확실한 거니?

✓ 지나쌤의 현지 영어 TIP!

on time은 '예정된 시간에 딱 맞게(늦지 않게)'라는 의미이고, in time은
'예정된 시간 내에(시간보다 일찍)'라는 의미예요. on과 in을 상황에 맞게
구분해서 쓰세요.

- **He's right on time.** 걔 아주 딱 맞춰 왔어.
- **He's just in time.** 걔 시간 안에 왔어.

026

확실하지 않아.
I'm not sure.

어떤 사실에 대해 맞는지 틀린지 확신이 없을 때 "확실하지
않아."라고 말하죠. 이때 '확신하다'라는 뜻의 sure을 사용해서
I'm not sure.이라고 합니다. 반대로 확신할 때는 I'm sure.
이라고 하면 돼요.

A : Do we have a quiz today? 우리 오늘 퀴즈 있어?

B : I'm not sure. 잘 모르겠어. / 확실하지 않아.

A : I'm not sure I can do this.
　　내가 이걸 할 수 있을지 모르겠어.

B : Believe in yourself. 너 자신을 믿어.

✅ 지나쌤의 현지 영어 TIP!

'~에 대해'라는 뜻의 about을 써서 '~에 대해 확신하다'라는 표현을 할 수
도 있어요.

A : Are you sure about this? 너 이거 확실한 거야?

B : Yes, I'm sure about it. 응, 확실해.

027

시간 가는 줄 몰랐네.
I lost track of time.

즐거운 시간을 보내거나 너무 바빠서 정신이 없을 때 "시간 가는 줄 몰랐다."라고 하죠. 이때 '~을 놓치다'라는 의미의 lose track of ~를 써요. 직역하면 "난 시간의 흐름을 놓쳤어."라는 말로, I lost track of time.이라고 합니다.

A : I had a lot of fun. I lost track of time.
　　너무 재미 있었어요. 시간 가는 줄 몰랐어요.

B : Tell me about it! 내 말이!

....

A : Why are you late? 왜 늦었어?

B : I'm so sorry. I lost track of time.
　　미안해. 시간이 이렇게 된 줄 몰랐어.

☑ 지나쌤의 현지 영어 TIP!

발음 팁 하나 알려드릴게요. 네이티브들은 lost track of를 [로스트/트랙/오브]라고 발음하지 않고 [러스/츄렉/어v]에 가깝게 연음해서 발음해요. 꼭 연습해 보세요.

028

나 늦잠 잤어.

I slept in.

sleep in은 '늦잠을 자다'라는 표현이에요. 주로 과거형으로
말하는 경우가 많기 때문에, sleep의 과거형 slept를 써서
I slept in.이라고 더 많이 말한답니다.

A : It's my day off today and I slept in.
   오늘 쉬는 날이라 늦잠 잤어.

B : How nice! 그거 좋은걸!

A : Why were you late? 오늘 왜 늦었어?

B : I slept in today. 오늘 늦잠 잤어.

✓ 지나쌤의 현지 영어 TIP!

sleep in과 oversleep 모두 늦잠을 의미하지만, sleep in은 의도적으로
알람을 꺼버리고 늦잠을 잔 느낌인 반면, oversleep은 너무 피곤해 실수로
늦잠 잤다는 뉘앙스가 있어요.

029

혹시 몰라서 말이야.
Just in case.

혹시 모를 일, 만일을 대비할 때 "혹시 몰라서 말인데."라는
표현을 쓰죠. 그 표현은 just in case라고 말해요. just in case
앞뒤로 혹시 모를 상황에 대비해 어떤 행동을 한다고 말할 수도
있고, 단독으로 사용할 수도 있어요.

A : Take the umbrella with you, **just in case.**
혹시 모르니까(만약을 대비해서) 우산 가지고 가.

B : Oh, thank you. 아, 고마워.

A : **Just in case** you were wondering, I love
my new job.
혹시 궁금해할까 봐 하는 말인데, 새로운 일자리가 정말 좋아요.

B : That's great. 정말 잘됐네요.

☑ 지나쌤의 현지 영어 TIP!

Just는 생략이 가능해요. 생략해서 쓰는 표현도 익혀 두세요.

- **(Just) In case you were wondering,** 궁금해할까 봐 하는 말인데,
- **(Just) In case you didn't know,** 몰랐을까 봐 하는 말인데,
- **(Just) In case you missed it,** 놓쳤을까 봐 하는 말인데,

030

집중해!
Stay focused!

다른 곳에 정신이 팔려 있거나 집중을 못하고 있는 상대방에게
"집중해!"라는 의미로, Stay focused!라고 할 수 있어요. focus
는 '집중하다', '초점을 맞추다'라는 뜻으로, stay와 함께 쓰여서
집중한 상태를 유지하라는 말이에요.

A : Stay focused! 집중해!

B : Okay, sir. 네, 알겠습니다.

A : I find it hard to stay focused.
집중력을 유지하는 게 힘들어.

B : Same here. 나도 마찬가지야.

✓ 지나쌤의 현지 영어 TIP!

'Stay+상태'를 쓰면, 그 상태를 유지하라는 뜻이 돼요. 관련된 표현들을
알아볼게요.

- **Stay strong!** 버텨 내! (강한 상태를 유지해!)
- **Stay calm.** 침착함을 유지해.

02

네이티브가
매일 쓰는 영어 표현

감정과
관련된 표현

031

신경 안 써.

I don't care.

어떤 것에 신경 쓰지 않는다고 말할 때 I don't care.라고 해요.
단독으로도 사용할 수 있고, 구체적으로 무엇을 신경 쓰지 않는
지 뒤에 붙여서 말할 수도 있답니다.

A : He talked behind your back. 걔가 네 험담을 했어.

B : I **don't care.** 난 신경 안 써.

A : I don't think that's a good idea.
그건 좋은 생각이 아닌 것 같아.

B : I **don't care** what you think.
네 생각은 신경 쓰지 않아.

✅ 지나쌤의 현지 영어 TIP!

I don't care. 외에 네이티브들이 자주 쓰는 "신경 안 써." 표현을 더 알아
볼게요.

• **I couldn't care less.** 이보다 더 신경을 안 쓸 수 없어. / 정말 신경 안 써.

• **Who cares?** 누가 신경 쓴대? / 알 게 뭐야?

• **I don't give a damn.**
전혀 신경 안 써. (*damn은 비속어이므로 사용 시 주의)

032

진심이야? / 실화야?

Are you for real?

도저히 믿기지 않는 이야기를 들었을 때, "이거 실화야?" 또는
"너 진심으로 말하는 거야?"라고 하죠. 이럴 때는 '진짜의'라는
뜻의 real을 써서 Are you for real?이라고 해요.

A : He asked me out. 그가 나에게 고백했어.

B : Are you for real? 진심으로? / 정말로?

A : I'll quit smoking. 나 담배 끊을 거야.

B : Are you for real? Good luck to you!
진심이야? 행운을 빌어!

☑ 지나쌤의 현지 영어 TIP!

상대방의 말이 진심인지 확인할 때, 이렇게도 물어볼 수 있어요.

• **Are you serious?** 진심이야?

• **Seriously?** 진심으로?

• **Do you mean it?** 너 진심인 거야?

033

다행이네요!
That's a relief!

어떤 일의 결과가 괜찮게 나와서 "그거 다행이네요!"라고
말하는 경우, '안도', '안심'이라는 뜻의 relief를 사용해서 That's
a relief!라고 해요. What a relief! / I'm relieved!도 같은 뜻이니
함께 알아 두세요.

A : I found my wallet. 나 지갑을 찾았어.

B : That's a relief. 다행이네요.

A : I'm feeling better now. 몸(기분)이 나아졌어요.

B : That's a relief. 다행이네요.

✓ 지나쌤의 현지 영어 TIP!

"~해서 다행이야."라고 구체적으로 다행인 내용을 말할 땐,
I'm glad that ~ / It's a good thing that ~을 사용해서 표현해요.

• **I'm glad that I can help you.** 도울 수 있어 다행이에요.

• **It's a good thing that I brought my umbrella.**
우산을 가져와서 다행이야.

034

나 그럴 기분 아니야.

I'm not in the mood.

"나 그럴 기분이 아니야."라고 상대방의 제안에 대해 완곡하게
거절하는 표현은 mood를 사용해서 I'm not in the mood.라고
해요. 구체적인 내용을 거절할 때는 뒤에 'for+명사/-ing' 또는
to부정사를 붙여요.

A : **I'm not in the mood** for a drink.
  나 한잔할 기분이 아니야.

B : **Are you okay?** 너 괜찮아?

A : **Let's go party tonight!** 오늘 밤 파티 가자!

B : **Sorry, I'm not in the mood.**
  미안, 그럴 기분이 아니야.

✓ 지나쌤의 현지 영어 TIP!

반대로 뭔가가 당긴다고 말할 땐 I'm in the mood.라고 해요.

• **I'm in the mood for a party!** 나는 파티 하고 싶은 기분이야!

• **I'm in the mood for something sweet.** 나는 단 게 당겨!

035

오글거려.

It makes me cringe.

손발이 오그라들 정도로 어색하거나 민망할 때 우리말로 "오글거려."라고 말하죠? 영어도 똑같은 표현이 있어요. cringe는 '움츠리다', '민망하다'라는 뜻으로, It makes me cringe.라고 하면 "그게 날 오글거리게 해."라는 뜻이 된답니다.

A : How was the movie? 영화 어땠어?

B : It made me cringe. 오글거렸어.

A : Love songs make me cringe.
사랑 노래는 날 오그라들게 해.

B : Why do you say that? 왜 그렇게 생각하는데?

✓ 지나쌤의 현지 영어 TIP!

아예 cringe를 동사로 직접 써서 "나 오그라들어."라고 말할 수도 있고, cringe에 y를 붙여서 '오글거리는'이라는 의미로 사용할 수도 있어요.

• I cringe when I hear my voice. 난 내 목소리를 들으면 오그라들어.

• This is so cringey! 이거 너무 오글거리는데!

036

마음이 안 좋네요.
I'm sorry.

누군가의 불행에 대해 공감하고 위로해 줄 때 네이티브들이
가장 많이 쓰는 표현이에요. 여기서 sorry는 미안하다는 의미가
아니라 '유감스러운'이라는 뜻이에요. 뒤에 to부정사로 무엇
때문에 마음이 안 좋은지를 말할 수 있어요.

A : I'm going through a hard time.
　　나 힘든 시간을 겪고 있어.

B : I'm sorry to hear that. 그 얘길 들으니 마음이 안 좋네.

A : My father passed away. 아버지가 돌아가셨어.

B : I'm really sorry. 정말 유감이야.

✓ 지나쌤의 현지 영어 TIP!

I'm sorry. 외에 누군가를 위로할 때 쓰는 표현들을 더 알아볼게요.

- **That's too bad.** 정말 안됐네요.
- **Hang in there.** 조금만 더 견뎌.

037

대박이네!
It's mind-blowing!

정말 놀랍고 엄청난 것에 대해 감탄하며 하는 말! 마음을
날려버릴 정도로 놀랍고 감동적일 때 네이티브들이 정말 많이
사용하는 표현이에요. 형용사로(mind-blowing),
동사로(blow one's mind)라고 해요.

A : How was the concert last night?
어젯밤 콘서트 어땠어?

B : It was absolutely mind-blowing.
완전 끝내줬어.

A : She got into Harvard! 걔 하버드 들어갔대!

B : I know, it blew my mind! 내 말이, 대박이야!

✓ 지나쌤의 현지 영어 TIP!

'대박', '쩐다!'를 표현하는 비격식적인 표현도 알아볼게요.

• **Wow, that's lit.** 와, 그거 쩐다.
• **That's dope.** 대박인데.
• **That's sick.** 짱이다.

038

어쩐지. / 놀랍지도 않네.

No wonder.

어떤 사실을 이미 예상하고 있었기 때문에 전혀 놀랍지 않고
오히려 당연하게 느껴질 때, "어쩐지~"라고 말하죠? 영어로는
No wonder.라고 해요. wonder는 '놀라다'라는 뜻이 있는데,
No와 함께 쓰여서 "놀랍지 않다.", 즉 "당연하다."라는 말이 돼요.

A : **I won the first prize.** 나 1등 했어!

B : **No wonder!** 놀랄 일도 아니지! (네가 1등하는 게 당연해!)

A : **He has no friends.** 그는 친구가 없어.

B : **No wonder.** 놀랍지도 않아.

✓ 지나쌤의 현지 영어 TIP!

No wonder 뒤에 구체적인 내용을 넣어 '어쩐지 ~하더라니'라는 표현을
할 수 있어요.

• **No wonder it's cheap.** 어쩐지 값이 싸더라니.

• **No wonder you look so tired.** 그래서 그렇게 피곤해 보였구나.

039

나 기겁했어.
I freaked out.

freak out은 미드에도 정말 많이 등장하는 표현이에요.
너무 놀라고 당황해서 패닉했을 때 쓸 수 있어요. '깜짝 놀라다',
'패닉하다', '멘붕하다'라는 다양한 의미로 사용돼요.

A : **I freak out** when I see a spider.
　　난 거미를 보면 완전 기겁해.

B : **Same here.** 나도 그래.

A : **Don't freak out.** It's gonna be okay.
　　너무 패닉하지 마. 괜찮아질 거야.

B : **Thanks.** 고마워.

☑ 지나쌤의 현지 영어 TIP!

미드 속에서 자주 들을 수 있는 freak out 관련 표현을 좀 더 알아볼게요.

• **How are you not freaking out about this?**
　이 상황에 어떻게 전혀 안 떨려?

• **You're freaking me out.**
　무섭게 왜 그래. (*freak ~ out : ~를 기겁하게 만들다)

• **Just stop freaking out.** 진정 좀 해.

040

나 완전 피곤해.

I'm beat.

하루 종일 일하고 들어와 피곤할 때, 대부분 I'm tired.를 생각할 거예요. 하지만 정말 많이 지친 날, "나 완전 피곤해."라고 할 때 네이티브들은 I'm beat.이라고도 많이 한답니다.

A : It was a long day. **I'm beat.**
긴 하루였어. 나 완전 피곤해.

B : Go get some rest. 가서 좀 쉬어.

A : **I'm beat.** 나 완전 피곤해.

B : Then let's call it a day. 그럼 오늘은 여기까지 하자.

☑ 지나쌤의 현지 영어 TIP!

'피곤하다'라는 뜻으로 정말 많은 표현이 있어요. 그중 가장 많이 쓰는 표현 몇 개를 더 알아볼게요.

- **I'm tired.** 나 피곤해.
- **I'm worn out.** 나 정말 피곤해.
- **I'm exhausted.** 나 완전 지쳤어.
- **I'm knocked out.** 나 완전 피곤해.

041

신경 거슬리게 하지 마.
You're getting on my nerves.

은근히 신경을 건드리고 짜증나게 하는 사람에게 쓰는 말!
get on one's nerves는 '누군가의 신경을 건드리다'라는
의미예요. You're getting on my nerves. 하면 "너 내 신경을
건드리고 있어."라는 경고의 말이 된답니다.

A : **He's getting on my nerves** these days.
그는 요즘 날 거슬리게 하고 있어.

B : Really? 정말?

A : Please stop singing. **It's getting on my
nerves.** 노래 좀 그만 불러. 신경에 거슬린단 말이야.

B : I'm really sorry. 정말 미안해.

✓ 지나쌤의 현지 영어 TIP!

nerve(신경)와 관련된 표현으로 nervous가 있어요. 이 표현은 '불안한',
'초조한'이라는 뜻이에요.

• **I'm nervous.** 나 떨려.

• **He gets nervous easily.** 걔는 쉽게 긴장해.

042

괜찮아요. / 사양할게요.

I'm good.

상대방이 권유한 것을 거절할 때 네이티브들은 직접적인 No, thank you.보다 I'm good.을 훨씬 많이 써요. "나는 좋다."가 아니라, "나는 (그것 없이도) 괜찮으니 사양하겠다."라는 의미로 말하는 거죠.

A : **Do you need some more?** 조금 더 드릴까요?

B : **I'm good.** 괜찮습니다.

A : **Would you like something to drink?**
    워 마실 것 좀 드릴까요?

B : **I'm good, but thanks.** 괜찮아요, 감사합니다.

☑ 지나쌤의 현지 영어 TIP!

상대방의 마음이 상하지 않도록 예의 있게 거절하는 표현을 좀 더 알아볼게요.

- **I think I'll pass.** 사양할게요. (안 하고 패스할게요.)
- **Not for me, thanks.** 저는 괜찮아요, 감사합니다.
- **I'm afraid I can't.** 죄송하지만 저는 어렵습니다.

043

부탁 하나만 들어줄래?

Can you do me a favor?

Can you do me a favor?는 뭔가 부탁할 일이 있을 때 먼저
"부탁 하나 들어줄 수 있어?"라고 운을 떼는 말이에요.
favor는 '호의'라는 뜻이 있으므로 직역하면 "나에게 호의를
베풀어줄 수 있어?"라는 말인 거죠.

A : **Can you do me a favor?** 부탁 좀 들어줄 수 있어?

B : **Sure, what's up?** 그럼, 뭔데?

A : **Can you do me a huge favor?**
큰 부탁이 있는데 들어줄 수 있어?

B : **Well, that depends on what it is.**
음, 뭔지에 따라 다를 것 같은데.

✓ 지나쌤의 현지 영어 TIP!

favor를 이용해서 부탁하는 표현 몇 개를 더 알아볼게요.

- **Do me a favor.** (친한 사이에만 사용) 부탁 좀 들어줘.
- **Could you do me a favor?**
  (정중한 표현) 부탁 좀 들어주실 수 있으신가요?
- **May I ask you a favor?** 부탁 좀 들어줄 수 있어요?

044

진정해.
Calm down.

너무 화가 나 있거나 흥분해 있는 친구를 가라앉힐 때 쓰는 말이에요. 발음이 [캄 다운]인데, 발음 때문에 come으로 헷갈리지 말고 calm(차분한)을 썼다는 점 기억하세요.

A : **Calm down!** Everything's gonna be all right. 진정해! 다 괜찮아질 거야.

B : Okay. 알겠어.

A : I'm so mad at her right now.
   난 지금 그녀에게 정말 화가 났어.

B : You need to **calm down.** 너 좀 진정해야 돼.

☑️ 지나쌤의 현지 영어 TIP!

상대방을 진정시키는 표현으로 다음 표현들도 많이 써요.

Relax. = Take it easy. = Chill out. = Cool down.

045

어렵네요. / 힘들어요.
It's tough.

tough는 tough guy(터프가이)라는 단어 때문에 '거친'이라는
의미가 너무 익숙하죠. 하지만 네이티브들은 '힘든', '어려운'
이라는 의미로 tough를 훨씬 많이 사용해요. 그래서 It's tough.
라고 하면 "어려워요.", "힘들어요."라는 뜻이 된답니다.

A : How is your new school life?
새로운 학교 생활은 어때?

B : It's tough. 힘들어요.

A : It's tough to get a new job.
새로운 일자리를 구하는 건 어려워.

B : I know. 나도 알아.

✅ 지나쌤의 현지 영어 TIP!

"나 힘들어."를 직역해서 I'm hard.라고 말하는 분들을 많이 봤어요.
그런데 I'm hard.라고 하면 19금 표현이 될 수 있으므로 헷갈리면 안 돼요.
I 대신 It을 사용해서 It's hard.라고 하세요. 상황이 어렵다는 의미죠.

046

신경 쓰지 마.
Never mind.

이 표현은 never(전혀~아니다)와 mind(마음에 두다)를 합쳐,
직역하면 "마음에 두지 마."라는 뜻으로, "아무것도 아니야.",
"신경 쓰지 마."라는 의미로 쓰여요. 말투에 따라서 상대방을
무시하는 것처럼 들리거나, 무례하게 들릴 수도 있으니 주의하세요.

A : I accidentally dropped your phone.
　　 나 실수로 네 폰 떨어뜨렸어.

B : **Never mind**, it's okay. 신경 쓰지 마, 괜찮아.

....

A : Can you help me with this?
　　 Oh, **never mind**. I'll do it myself.
　　 나 이것 좀 도와줄 수 있니? 아, 아니다. 내가 할게.

B : Okay. 알겠어.

✓ 지나쌤의 현지 영어 TIP!

Never mind는 방금 한 말을 취소하고 싶을 때 "아, 아니다."라는 의미로도
쓸 수 있고, 상대방이 미안해할 때 "괜찮아."라는 의미로도 쓸 수 있어요.
비슷한 표현으로 Don't bother.(그럴 필요 없어.)도 있어요.

047

유치해. / 시시해.
It's lame.

무언가 시시하고 기대에 못 미칠 때, 네이티브들은 이렇게 말해요.
lame은 원래 '다리를 저는'이라는 뜻이 있는데, 일상 회화에서는
'따분한', '지루한', '변변찮은'의 뜻으로 훨씬 많이 사용돼요.
캐주얼한 표현이기 때문에 격식을 갖춰야 하는 사이에서는
사용하지 않는 게 좋아요.

A : **What about this idea?** 이 아이디어는 어때?

B : **It's lame.** 별로야.

A : **That's such a lame excuse.** 정말 궁색한 변명이네.

B : **My bad.** 미안.

✅ 지나쌤의 현지 영어 TIP!

'별로인', '시시한'을 뜻하는 또 다른 표현으로 crappy가 있어요. 이 표현
역시 격식을 차린 자리에서는 사용을 피해 주세요.

- **That's a crappy car.** 완전 구린 자동차네.
- **The weather is crappy.** 날씨가 구려.

048

못 참겠어!

I can't stand it!

도저히 참을 수 없는 한계가 왔을 때 쓰는 표현이에요.
여기서 stand는 '일어서다'가 아닌 '참다', '견디다'라는 뜻이에요.
it 대신 어떤 것을 참을 수 없는지 뒤에 언급할 수도 있어요.

A : I can't stand your lies.
나 네 거짓말 더 이상 못 참겠어.

B : I'm really sorry. 정말 미안해.

A : I can't stand her anymore.
더 이상 그녀를 견딜 수가 없어.

B : I agree. 나도 동의해.

✔ 지나쌤의 현지 영어 TIP!

인내심에 한계가 왔을 때 아래 표현들처럼 말할 수도 있어요.

- **I can't put up with it.** 그걸 참을 수 없어!
- **I can't bear it.** 그걸 견딜 수 없어.
- **That's enough!** 더 이상은 못 참아!

049

지긋지긋해!
I'm sick of it!

sick은 '아픈', '메스꺼운'이라는 뜻인데, 뒤에 of를 붙여서
be sick of something이라고 하면 '메스꺼울 만큼 지긋지긋
하다', '넌더리가 난다'라는 의미예요. 전치사 of 뒤에는
지겨워하는 대상이 오는데, 명사나 동명사(-ing)가 쓰입니다.

A : I'm sick of his complaints.
나는 그의 불평에 넌더리가 나.

B : Me too. 나도 그래.

A : Are you sick of it already?
너 벌써 그게 지겨워진 거야?

B : Yeah, I think so. 응, 그런 것 같아.

✓ 지나쌤의 현지 영어 TIP!

sick and tired of도 같은 의미로 쓰여요.

- **I'm sick and tired of my job.** 나는 내 일에 질렸어.
- **I'm sick and tired of this song.** 나는 이 노래가 지긋지긋해.

050

기분 나쁘라고 하는 말은 아니야.
No offense.

상대방에 대해 좋지 않은 얘기를 해야 할 때, "나쁜 뜻으로 하는
말은 아닌데…"라고 돌려 말하는 경우에 No offense, but…
이라고 해요. 그냥 No offense.라고만 하면 "기분 나쁘라고 하는
말은 아니야."라는 뜻이 돼요.

A : I don't like that color on you. **No offense.**
   너 그 색 잘 안 어울려. 기분 나쁘라고 한 말은 아니야.

B : **None taken.** 괜찮아.

A : **No offense,** but you're too naive.
   기분 나쁘라고 하는 말은 아닌데, 너 너무 순진한 것 같아.

B : **What do you mean?** 그게 무슨 소리야?

✓ 지나쌤의 현지 영어 TIP!

상대방의 오해를 방지하기 위해 쓸 수 있는 다양한 표현을 더 알아볼게요.

- **Don't take it personally. (= It's nothing personal.)**
  개인적으로 받아들이진 마.
- **Don't get me wrong.** 내 말 오해하지는 마.

051

그때가 좋았지. / 그때가 그리워.

Those were the (good) days.

좋았던 과거를 추억하며 쓸 수 있는 말이에요. 직역하면 "그때는 좋은 날들이었지."라는 말이에요. good은 생략이 가능해요.

A : Remember when we were in high school?
우리 고등학교 시절 기억나?

B : Yeah, those were the days!
응, 그때 정말 좋았었는데!

A : There was no fine dust in the past.
Those were the days.
옛날엔 미세먼지가 없었는데. 그 시절이 좋았어.

B : I wish I could go back. 그때로 돌아가고 싶어.

☑ 지나쌤의 현지 영어 TIP!

과거를 회상하며 할 수 있는 말을 몇 가지 더 알아볼게요.

- **I miss our old days[times].** 우리의 지난 시간이 그리워.

- **I miss those days.** 그때가 그리워.

- **Everything was good back in the days.**
  옛날엔 모든 게 다 좋았는데.

052

난 너에게 푹 빠져 있어.

I'm into you.

좋아하는 것 이상으로 뭔가에 푹 빠져 있을 때 I'm into ~라고
말해요. be into (something)는 '(~에) 푹 빠지다', '(~을) 매우
좋아하다'라는 뜻으로, 사람뿐 아니라 좋아하는 어떤 것에든
사용할 수 있어요.

A : **I'm into** jazz music. 난 재즈 음악에 푹 빠져 있어.

B : So am I! 나도 그래!

A : I think **he's into** me. 그가 나에게 반한 것 같아.

B : Why do you say that? 왜 그렇게 생각해?

✓ 지나쌤의 현지 영어 TIP!

뭔가를 좋아한다고 할 때 이렇게도 말할 수 있어요.

• **I'm interested in him.** 나 걔한테 관심있어.

• **I'm crazy about her.** 난 그녀에게 완전 미쳐 있어[푹 빠져 있어].

053

나도 그러고 싶어.
I wish I could.

그러고 싶지만 어쩔 수 없이 못할 때, 아쉬운 마음을 담아 하는
말이에요. 단독으로도 사용할 수 있고, I wish I could 뒤에
구체적으로 아쉬운 내용을 말할 수도 있어요.

A : You should come to my party. 내 파티에 와.

B : I wish I could. 나도 그러고 싶어. [갈 수 없어서 아쉬워.]

A : Can you help me with this?
이것 좀 도와줄 수 있어요?

B : I wish I could help.
저도 돕고 싶어요. [도울 수 없어서 아쉬워요.]

✓ 지나쌤의 현지 영어 TIP!

비슷하지만 다른 뉘앙스로 I hope I can.이 있어요. I wish I could.가
'이루어지기 어려운 일에 대한 바람'이라면, I hope I can.은 '실제
가능한 일이 그렇게 되길 바란다'는 의미예요.

• **I hope I can see you soon!** 조만간 만날 수 있으면 좋겠다!

054

아쉽네.
That's a bummer.

일이 잘 풀리지 않아 아쉽고 안타까울 때 하는 말이에요.
bummer는 '실망', '실망스러운 일'이라는 뜻이에요.
What a bummer!라고 감탄사처럼 말하면 "젠장!", "짜증나!"
라는 의미로도 쓸 수 있어요.

A : I think she lost interest in me.
그녀는 나에게 관심이 식은 것 같아.

B : That's a bummer. 아쉽네[안됐네].

A : I lost my credit card. What a bummer!
나 신용카드를 잃어버렸어. 젠장!

B : Too bad. What are you gonna do?
안됐네. 어쩔 셈이야?

✓ 지나쌤의 현지 영어 TIP!

bum은 '~를 실망시키다'라는 동사인데, bum somebody out이라고 하면
'누군가를 낙담시키다', '괴롭히다'라는 의미예요.

• It's bumming me out. 그건 실망스러워.
• You bummed him out. 넌 그를 낙담시켰어.

055

컨디션이 안 좋아.
I'm not feeling well.

뭔가 기운이 없고 컨디션이 안 좋을 때 할 수 있는 말이에요.
Condition이라는 단어에 '상태'라는 의미가 있긴 하지만,
네이티브들은 이런 상황에서 My condition is bad.라고 말하지
않는답니다. 대신 I'm not feeling well.을 사용하세요.

A : I'm not feeling well today. 나 오늘 기운이 없어.

B : Is there anything I can do to help?
내가 도와줄 거 있어?

A : Do you wanna go out for a drink?
술 한잔하러 갈래?

B : Actually, I'm not feeling well.
사실은 컨디션이 좀 안 좋아.

☑ 지나쌤의 현지 영어 TIP!

기운이 없고 너무 피곤할 때 다음과 같이 말할 수도 있어요.

- **I don't feel well.** 나 기운이 없어.
- **I am feeling very tired today.** 나 오늘 정말 피곤해.
- **I am exhausted today.** 나 오늘 정말 지쳤어.
- **I had a long day.** 오늘 힘든(긴) 하루를 보냈어.

03

네이티브가
매일 쓰는 영어 표현

대화에
유용한 표현

056

벅차네. / 과하네.
It's overwhelming.

overwhelming(압도적인)이라는 단어는 알고 있어도 실생활에 사용하기 어려운 경우가 많죠. 할 일이 많고 힘들어서 벅차게 느껴질 때나 감동, 감정이 벅차오를 때 네이티브들은 이 표현을 정말 많이 사용해요. 내가 벅차다고 느낄 때는 overwhelmed 라고 하면 돼요.

A : I've got tons of work. **It's overwhelming.**
일이 산더미처럼 쌓여 있어. 이 상황이 벅차다.

B : Hang in there. 조금만 견뎌.

A : How do you feel? 기분이 어때요?

B : **I'm overwhelmed.** 감정이 벅차올라요.

✓ 지나쌤의 현지 영어 TIP!

overwhelm은 긍정과 부정 모두 사용할 수 있어요. 비슷한 표현으로 too much도 있어요.

• **This is too much for me.** 이건 나한테 좀 벅차/과해.

• **Is this dress too much?** 이 드레스 조금 과한가?

057

신기한데!

That's interesting!

우리말로는 "신기하다!"라는 말을 자주 하는데요, 영어는 어떤
종류의 신기함인지에 따라 다른 표현을 사용해요. 가장 대표적
으로 That's interesting! 하면 '흥미로움을 불러일으키는
신기함'에 대해서 말한답니다.

A : That's interesting! How did you do that?
신기하다! 그거 어떻게 했어?

B : It only takes practice. 연습하면 돼.

A : Have you read the article? 너 그 기사 봤어?

B : Yes, that was interesting! 응, 되게 흥미롭던데!

✅ 지나쌤의 현지 영어 TIP!

네이티브들은 상황이나 뉘앙스에 따라 신기하다는 표현을 다르게 사
용해요. 이상한 느낌의 신기함은 weird, 놀랍고 멋진 느낌의 신기함은
amazing이라고 하죠.

• **That's weird.** 그거 이상하다. / 신기하네.
• **That's amazing.** 대단하다. / 신기하다.

058

너무 기대돼!

I'm so excited!

기대되고 신나는 일이 있을 때, 네이티브들은 설렘을 담아
I'm so excited!라고 말해요. 한국인들이 헷갈려 하는 expect는
발생될 일이나 수치에 대한 '예상'을 의미하기 때문에, 설레는
감정을 담은 '기대'를 말할 땐 적절하지 않아요.

A : I'm so excited! 너무 기대 돼!

B : Me too! Let's have fun! 나도! 재있게 놀자!

- -

A : Are you ready to play the game?
게임할 준비 됐니?

B : Yes! I'm so excited! 응! 완전 기대돼!

 지나쌤의 현지 영어 TIP!

이외에도 I'm looking forward to -ing(~하는게 기대돼), I can't wait.(못 기다
리겠어.)라는 표현들도 매우 자주 쓰이니 함께 알아 두세요.

059

궁금해 죽겠네!
I'm dying to know!

어떤 것이 너무 간절할 때 우리말로 '~해 죽겠어'라고 하죠?
영어로도 똑같이 I'm dying to ~을 사용해서 "~해 죽겠어",
"정말 ~하고 싶어"라는 간절한 마음을 표현할 수 있어요.

A : Sorry, but I can't tell you.
미안하지만 알려줄 수 없어.

B : I'm dying to know. 궁금해 죽겠네.

A : Did you take the test? 시험 봤어?

B : Yes. I'm dying to know the result.
응. 시험 결과가 궁금해 죽겠어.

☑ 지나쌤의 현지 영어 TIP!

I'm dying to에는 동사원형을 써야 하고, I'm dying for에는 명사를 써야
해요. 전치사를 헷갈리면 틀릴 수 있으니 주의하세요.

- **I'm dying to travel around the world.**
  난 세계를 꼭 여행하고 싶어.
- **I'm dying for kimchi.** 김치가 먹고 싶어 죽겠어.

060

그래서 그랬구나.
That's why.

이해되지 않던 상황이 풀리는 상황에서 That's why.라고 하면
"그래서 그랬구나."라는 말이 돼요. That's why 뒤에는
구체적으로 그래서 어떠했는지 결과를 나타내 줄 수 있어요.

A : I was so tired that I fell asleep during the class. 나 너무 피곤해서 수업시간에 잠들어 버렸어.

B : That's why! 그래서 그랬구나!

A : I think he's still in recovery.
그는 아직도 회복중인 것 같아.

B : That's why I'm worried. 그래서 내가 걱정하는 거야.

✓ 지나쌤의 현지 영어 TIP!

That's why 뒤에는 결과가 오고, That's because 뒤에는 원인/이유가
와요. '내가 공부를 열심히 하지 않아 시험을 못 본 상황'을 예로 들면
이런 차이가 있죠.

• That's because you didn't study hard.
  그건 네가 열심히 공부하지 않았기 때문이야.
• That's why I got a bad score. 그래서 나쁜 점수를 받은 거야.

061

잘됐네요!

Good for you!

Good for you!는 "너에게 잘 된 일이야!" 즉 "잘했어!",
"잘됐다!"라는 말이에요. 칭찬과 격려를 할 때 사용하는
표현이에요.

A : I got promoted last week. 나 지난주에 승진했어.

B : Good for you! 잘됐다!

A : Good for you! You're getting better at it.
잘했어! 넌 점점 잘하고 있어.

B : Thank you for saying so. 그렇게 말해 줘서 고마워.

✓ 지나쌤의 현지 영어 TIP!

Good for you.는 칭찬 표현이지만 맥락에 따라 "너 잘났다~"라고 비꼬는
경우에도 쓰므로 주의하세요. 칭찬의 Good for you!처럼 쓸 수 있는 표현
을 알아볼게요.

• **I'm happy for you!** 네가 잘 돼서 기뻐!

• **That's amazing!** 엄청난데!

• **That's so cool!** 정말 멋진데!

062

계속해.
Go on.

누군가와 대화를 하다가 대화가 끊기거나 화제가 바뀌었을 때,
하던 이야기를 계속 하라는 의미로 Go on.을 쓸 수 있어요.
이야기뿐 아니라 하던 일을 계속하라는 의미로도 쓸 수 있어요.

A : **Please go on.** 계속하세요.

B : **All right.** 알겠어요.

A : **Go on. What happened next?**
계속 말해봐. 그 다음엔 어떻게 됐는데?

B : **Oh, never mind.**
아, 신경 쓰지 마.

☑ 지나쌤의 현지 영어 TIP!

Go on 뒤에 and on and on을 덧붙이면 '말을 계속해서 끊임없이 하다'
라는 의미로 사용할 수 있어요. 부정적인 느낌이 있으므로 사용할 때
주의하세요.

• **She** went on and on and on. 그녀는 말을 계속해서 늘어놓았다.

063

내 말 맞지?

Am I right?

대화 중에 내가 하는 말이 맞는지 확인하고 싶을 때, "내 말 맞지?"
라는 표현으로 Am I right?이라고 해요. 상대방의 공감을
구하고 싶을 때 주로 쓰고, 반대로 "내가 틀렸니?"라고 할 땐
Am I wrong?이라고 해요.

A : I think we've met before. **Am I right?**
우리 만난 적 있는 것 같은데. 제 말이 맞나요?

B : Yes, you are. 네 맞아요.

A : I think I deserve a raise. **Am I right?**
나 월급 인상 받을 만한 것 같아. 내 말 맞지?

B : Yeah, I know what you mean.
응, 무슨 말인지 알아.

✅ 지나쌤의 현지 영어 TIP!

내 말에 확신이 없을 때, 이런 표현을 함께 사용해 보세요.

• **Correct me if I'm wrong.** 제가 틀렸다면 고쳐주세요.

• **I'm not an expert, but…** 제가 전문가는 아니지만…

• **I am not 100% sure.** 100퍼센트 확실한 건 아니에요.

064

진심이 아니었어.

I didn't mean it.

말실수를 했을 때, 사과하며 할 수 있는 말입니다.
mean은 '의미하다', '의도하다'라는 뜻인데, I didn't mean it.
이라고 하면 "진심이 아니었어.", "그럴 의도는 아니었어."라는
뜻이 돼요.

A : I'm sorry, I didn't mean it. 미안해, 진심이 아니었어.

B : Apology accepted. 사과 받아줄게.

A : Please take it as a joke. I didn't mean it.
농담으로 받아들여. 진심이 아니었어.

B : Okay. 알겠어.

✅ 지나쌤의 현지 영어 TIP!

mean을 활용한 표현은 네이티브들이 정말 많이 써요. 몇 가지를 더 알아
볼게요.

• (Do) you mean it? 너 진심이야?

• I mean it. 진심이야.

• I mean... 그러니까 내 말은…

065

오해하지 마세요.

Don't get me wrong.

자신의 의견이나 느낌을 밝히기 전, 상대방이 오해하지 않도록
말하고 싶을 때 쓰는 말이에요. 직역하면 "나를 잘못 받아들이지
마."라는 뜻으로, "오해하지 말고 들어.", "기분 나쁘게 듣지 마."
라는 의미예요.

**A : Don't get me wrong, you know I trust
you.** 오해하지 마, 내가 너 믿는 거 알잖아.

B : Then what's the problem? 그럼 뭐가 문젠데?

**A : Don't get me wrong.
I like David but he isn't responsible.**
오해 말고 들어. 난 데이빗이 좋지만, 책임감 있는 사람은 아니야.

B : I know what you mean. 무슨 말 하는지 알겠어.

✓ 지나쌤의 현지 영어 TIP!

오해하지 말라는 의미로 이런 표현도 있어요.

- **Don't take it the wrong way.** 오해하지 마.
- **Don't take it too personally.** 사적으로 (나쁘게) 받아들이지는 마.

066

네 알 바 아니잖아.

None of your business.

상대방이 자꾸 참견하거나 개인적인 문제에 개입하려고 할 때
"네 알 바 아니잖아."라는 의미로 하는 말이에요. 더 나아가
"네 일이나 신경 써."라고 한마디 더 해주고 싶을 땐 Mind your
own business.라고 합니다. 둘 다 강한 어감의 표현이니
조심해서 사용하세요.

A : **Who did you vote for?** 너 누구에게 투표했어?

B : **None of your business.** 네가 상관할 바 아니잖아.

A : **You should get your work done.**
네 일을 끝마쳐야지.

B : **It's none of your business.**
네가 신경 쓸 일 아니잖아.

✓ 지나쌤의 현지 영어 TIP!

None of your business.보다 좀 더 부드러운 표현들을 알아볼게요.

- **I'd rather not talk about that.** 말하지 않는 편이 낫겠어.

- **I'm not comfortable sharing that information.**
  그 말(정보)을 공유하기가 불편합니다.

- **That's a personal[private] matter.** 그건 개인적인 문제입니다.

067

그 얘기 꺼내지 마세요.
Don't bring it up.

별로 듣고 싶지 않거나 불편한 이야기를 꺼내려는 상대에게
"그 얘기 꺼내지 마세요."라고 할 때 bring up을 써서
Don't bring it up.이라고 합니다.

A : Remember how drunk you were last night? 너 어제 얼마나 취했는지 기억나?

B : Don't bring it up. 그 얘기 꺼내지도 마.

A : I'm sorry to bring it up. 그 얘기 꺼내서 미안해.

B : It's all right. 괜찮아.

✓ 지나쌤의 현지 영어 TIP!

구체적으로 어떤 이야기를 꺼내지 말라고 이야기할 땐 Don't bring up
뒤에 대화하기 싫은 주제를 넣으면 돼요.

- **Don't bring up my ex.** 내 전 애인 얘기 꺼내지 마
- **Don't bring up that topic.** 그 주제 꺼내지 마.
- **Don't bring up religion and politics.** 종교 정치 얘기는 꺼내지 마.

068

간단히 말해서,

(To make a) Long story short,

(To make a) long story short는 말 그대로 '긴 이야기를 짧게 만들겠다', 즉 '간단히 말해서', '짧게 말하자면'이라는 뜻이에요. 길고 복잡한 내용을 일일이 다 설명하지 않고 간략하게 말한다고 할 때 사용하죠.

A : Long story short, I broke up with him.
간단히 말하자면, 나 걔랑 헤어졌어.

B : Really? 정말이야?

A : I'll make a long story short.
긴 이야기지만 간략하게 말해볼게.

B : Okay, go ahead. 응, 말해봐.

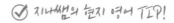 지나쌤의 현지 영어 TIP!

간단히 말하겠다는 표현에는 이런 표현도 있어요.

In a nutshell = **To sum up** = **To put it simply**

069

말이 안 되잖아.

It doesn't make sense.

말의 앞뒤가 맞지 않거나 상식적으로 이해가 되지 않는 상황을
두고 네이티브들은 이렇게 말해요. '전혀' 말이 되지 않는다고
강조할 땐 It doesn't make 'any' sense.라고 any를 넣어 말할 수
있어요.

A : It doesn't make sense.
도무지 이해가 안 돼(말이 안 돼).

B : I know how you feel. 네 마음 이해해.

A : Do you think that's possible?
그게 가능하다고 생각하세요?

B : No, I think it doesn't make sense.
아니요, 전 말이 안 된다고 생각해요.

☑ 지나쌤의 현지 영어 TIP!

make sense는 '타당하다', '말이 되다'라는 의미로 다양하게 응용해서
사용할 수 있어요.

- **It makes no sense.** 말이 안 돼.
- **It makes sense.** 말이 되네.

070

다 괜찮은 거죠?
Is everything okay?

네이티브들은 직설적으로 물어보는 것을 꺼려하는 경향이 있어요.
상대방의 표정이 안 좋거나 분위기가 이상할 때 Are you okay?
라고 대놓고 묻지 않아요. 대신 Is everything okay?(다 괜찮은
거죠?)라고 부드럽게 물어보는 게 좋아요.

A : Is everything okay? 다 괜찮은 거야?

**B : Not really. I had some problems with my
girlfriend.** 별로 안 괜찮아. 여자친구랑 문제가 좀 있었어.

A : How are you? Is everything okay?
별일 없어요? 다 괜찮은 거죠?

B : I'm good. 잘 지내요.

☑ 지나쌤의 현지 영어 TIP!

레스토랑에서 서버가 음식은 입에 맞는지, 더 필요한 건 없는지 확인할 때
도 Is everything okay?라고 해요. 그럴 땐 이렇게 답변해보세요.

- **It is perfect.** 완벽해요.
- **Everything is fine. Thank you.** 다 괜찮아요. 감사해요.
- **Can I have some more water/bread?**
  물/빵 좀 더 주실 수 있나요?

071

목소리 낮춰 주세요.

Please lower your voice.

공공장소 등에서 너무 시끄럽게 떠드는 사람에게 예의를
지키면서 주의를 줄 수 있는 말이에요. Be quiet.은
선생님이나 부모님이 지시하듯 하는 말이기 때문에 사용할 때
조심해야 합니다.

A : **Please lower your voice.** 목소리 좀 낮춰 주세요.

B : **Oh, I'm really sorry.** 아, 정말 죄송합니다.

A : Can you **please lower your voice**?
목소리 좀 낮춰 주실 수 있나요?

B : **Sorry, I didn't realize I was loud.**
죄송합니다, 제가 시끄러운 줄 몰랐어요.

✓ 지나쌤의 현지 영어 TIP!

같은 의미로 다음과 같은 표현을 쓸 수도 있어요.

- **Can you keep it down?** 목소리 좀 낮춰 주시겠어요?
- **Can you tone it down?** 목소리 좀 낮춰 주실래요?

072

당분간은
For the time being

For the time being은 '당분간은', '지금 당장은'이라는 뜻으로, 당분간의 계획이나 생각, 상황을 말할 때 유용하게 사용할 수 있는 표현이에요.

A : We should wear masks **for the time being.** 당분간 우리는 마스크를 써야 해.

B : Yeah, I agree. 맞아, 나도 동의해.

A : Why are you leaving the dorm? 왜 기숙사를 나가는 거야?

B : I'll stay with my parents **for the time being.** 당분간은 부모님과 함께 살려고.

☑ 지나쌤의 현지 영어 TIP!

'당분간은'이라는 뜻으로 이렇게도 말해요.

- **He's gonna be busy** for a while. 걔 당분간은 좀 바쁠 거야.
- **For some time, I should focus on my work.**
  당분간은 내 일에 집중해야겠어.

073

지금부터,

From now on,

From now on은 '이제부터'라는 의미로, 앞으로의 상황에 대해 이야기할 때 사용하는 표현이에요. 단독적으로 쓸 수는 없고, 앞이나 뒤에 지금부터 어떤 것을 할 건지를 언급해야 합니다.

A : From now on, I will work harder.
이제부터는 더 열심히 일할 거야.

B : That's great! 정말 멋진데!

A : You made a mistake. 자네는 실수를 했어.

B : I'll be careful from now on.
지금부터는 조심하겠습니다.

☑ 지나쌤의 현지 영어 TIP!

'지금'이 아니라 '오늘부터', '이 달부터'라는 말도 할 수 있어요. now 대신 this ~를 쓰면 됩니다.

- **From this day on** 이 날(오늘)부터
- **From this month on** 이 달부터

074

그게 묘미지.
That's the beauty of it.

"그게 바로 묘미지!", "그 맛에 하는 거지!"라고 무언가에 대한 장점을 강조해서 말할 때 사용해요. beauty는 '아름다움'이라는 뜻 외에도 '장점'이라는 의미가 있는데, 네이티브들이 정말 자주 사용하는 표현이랍니다.

A : I can work at home in my pajamas.
집에선 잠옷 입고 일할 수 있어.

B : **That's the beauty of it.** 그게 (재택 근무의) 묘미지.

A : When you study abroad, you can make friends from different cultures.
해외에서 공부하면, 다양한 문화권의 친구들을 사귈 수 있어요.

B : Right. **That's the beauty of it.**
맞아요. 그게 (해외 유학의) 묘미죠.

✓ 지나쌤의 현지 영어 TIP!

의외의 뜻으로 사용되는 단어로 luxury도 있어요. '사치'라는 뜻 외에 '여유'라는 뜻이 있는데, have the luxury to ~ 하면 '~ 할 여유가 있다' 라는 의미예요.

- **I don't have the luxury to buy a new car.**
  난 새 차를 살 여유가 없어.
- **I finally had the luxury to relax.** 난 드디어 쉴 여유가 생겼어.

075

(강조할 때) 말 그대로,
Literally,

literally는 '글자 그대로', '말 그대로'라는 뜻인데, 자신의 말을 강조하기 위해 이 표현을 사용합니다. 과장 없이 정말 그렇다는 말을 하는 거죠.

A : I **literally** slept all day.

나 말 그대로 하루 종일 잤어.

B : Are you for real? 진심이야?

A : He's **literally** an idiot.

걔 말 그대로(진심으로) 멍청이야.

B : Why do you say that? 왜 그렇게 생각해?

✅ 지나쌤의 현지 영어 TIP!

자신의 말을 강조하고 싶을 때 네이티브들이 습관적으로 사용하는 추임새(filler words)들이 있습니다. 몇 가지를 알아볼게요.

- **Totally / Absolutely / Definitely** 완전히
- **Actually / Seriously** 진심으로
- **Clearly / Obviously** 명백하게

076

나 좀 내버려 둬.

Leave me alone.

alone은 '혼자'라는 뜻이에요. 누군가 자꾸 잔소리를 하거나
귀찮게 굴 때 Leave me alone.이라고 하는데, "나를 혼자 둬.",
즉 "나 좀 내버려 둬."라는 뜻이죠.

A : Leave me alone! 나 좀 내버려 둬!

B : Okay. 알겠어.

A : What's wrong with you? 너 도대체 왜 그러는 거니?

B : Please, just leave me alone.
제발, 나를 그냥 좀 내버려 둬.

✓ 지나쌤의 현지 영어 TIP!

비슷한 의미를 가진 표현을 더 알아볼게요.

• **Give me some space.** 나 좀 가만 내버려 둬.
• **Stay out of it.** 상관하지 마. / 끼어들지 마.

077

나 토할 것 같아.

I feel like throwing up.

feel like -ing는 '~하고 싶은 기분이다'라는 뜻이에요.
I feel like throwing up.이라고 하면 "토하고 싶은 기분이야.",
즉 "토할 것 같아."라는 말이죠. 실제로 속이 안 좋을 때도 쓰고,
보기 싫은 것을 두고 비꼬는 말로 쓸 때도 사용해요.

A : Are you okay? You look pale.
괜찮아? 너 창백해 보여.

B : I feel like throwing up. 나 토할 것 같아.

A : It smells disgusting. 냄새가 너무 역겨워.

B : I know, I feel like throwing up.
내 말이, 나 토할 것 같아.

✓ 지나쌤의 현지 영어 TIP!

I feel like -ing는 '하고 싶다'라는 의미인 I want to보다 순간의 느낌이나
감정에 초점을 맞춘 뉘앙스예요.

• I feel like crying. 울고 싶은 기분이야.
• I don't feel like seeing Jenny. 난 제니를 볼 기분이 아니야.

078
내가 왜 그랬지?
What was I thinking?

내가 저지른 일이 후회될 때 하는 말이에요. 직역하면 "내가
무슨 생각이었지?"로, 이 말을 할 때는 스스로를 자책하는
말투와 뉘앙스로 말을 해야 후회하는 느낌이 산답니다.

A : I left my phone at home.
　　What was I thinking?
　　나 폰을 집에 두고 왔어, 대체 무슨 생각이었던 거지?

B : You know, things happen. 왜, 그럴 수도 있지.

- -

A : You've been drinking all night?
　　밤새 술을 마셨다고?

B : I don't know **what I was thinking**.
　　내가 무슨 정신이었는지 모르겠어.

☑ 지나쌤의 현지 영어 TIP!

반대로 What were you thinking?이라고 하면 "너 도대체 무슨 생각이었
니?"라며 상대방을 질책하는 의미로 사용할 수 있어요.

079

괜찮으시다면,
If you don't mind,

mind는 '꺼리다', '신경 쓰다'라는 뜻이 있어요. if you don't mind는 '당신이 꺼리지 않는다면'이라는 말인데, 어떤 행동을 하기 전 상대방의 허락을 구할 때 '괜찮으시다면', '실례가 안 된다면'이라는 말로 써요.

A : **If you don't mind,** can you do me a favor?
실례가 안 된다면, 부탁 하나만 해도 될까요?

B : **No, go ahead.** 응, 말해봐.

A : **If you don't mind,** can I sit here?
괜찮으시다면, 여기 앉아도 될까요?

B : **I'm sorry, this seat is already taken.**
죄송하지만, 이 자리는 이미 찼습니다.

✓ 지나쌤의 현지 영어 TIP!

누군가가 Do you mind ~?(~해도 괜찮나요?)라고 물었을 때, 이에 대해 허락할 때에는 Yes가 아닌 No라고 대답해야 해요. 이 질문은 직역하면 '~하는 게 당신에게 문제가 되나요?'라는 의미이기 때문이죠.

080

마음이 바뀌었어.
I changed my mind.

어떤 것을 결정하는 과정에서 마음이 바뀌었을 때 mind를 써서
표현해요. 마음이 바뀌었다고 해서 I changed my heart.라는
표현은 쓰지 않으니 꼭 기억하세요.

A : **What are you doing here?** 여기서 뭐 하는 거야?

B : **I changed my mind.** 나 마음이 바뀌어서.

A : **I changed my mind.** 나 마음이 바뀌었어.

B : **How come?** 도대체 왜?

✓ 지나쌤의 현지 영어 TIP!

생각이 변한 것과 관련해 사용하는 유용한 표현들을 알아볼게요.

• **On second thought…** 다시 생각해보니…

• **What was I thinking?** 내가 왜 그랬지?

• **I've been back and forth.** 나 생각이 오락가락하고 있어.

081

건배!
Cheers!

친구들과 한잔하며 "건배~!"를 외칠 때 Cheers! 혹은 (Here's) to~(~을 위하여)!라고 해요. 캐주얼하게 쓸 수 있는 표현이니 술자리에서 자유롭게 사용해 보세요.

A : To our friendship! 우리의 우정을 위하여!

B : Cheers! 건배!

A : Here's to Rachel! 레이첼을 위하여 건배!

B : Cheers! 건배!

✓ 지나쌤의 현지 영어 TIP!

결혼식, 연말 파티 등 좀 더 격식을 차린 자리에서는 I'd like to make [propose] a toast!라고 해보세요. 건배를 외칠 때는 toast 앞에 꼭 a를 붙여야 하는 것에 주의하세요.

082

우리 전에 만난 적 있나요?

Have we met before?

처음 만났다고 하기엔 왠지 낯이 익을 때, "혹시 우리 전에
만난 적 있나요?"라는 뜻으로 Have we met before?라고
합니다. Haven't we met before?(우리 전에 만난 적 있지
않나요?)라고 응용할 수도 있어요.

A : **Have we met before?** You look familiar.
   우리 전에 만난 적 있나요? 낯이 익은데.

B : **Yes, we met at Mr. Kim's class.**
   네, 우리 김 선생님 수업에서 만났어요.

- -

A : **Have we met before?** 우리 전에 만난 적 있나요?

B : **I don't think so.** 아닌 것 같은데요.

✅ 지나쌤의 현지 영어 TIP!

참고로 이 표현은 정말 구면인 것 같아서 확인 차 물어볼 때에도 쓰이지
만, 모르는 사람인데 괜히 말을 걸어보고 싶을 때 작업용으로도 쓴답니다.

083

금방 돌아올게.
I'll be right back.

잠시 자리를 비워야 할 때 "금방 돌아올게."라고 알려주는
표현이에요. 여기서 right은 '곧', '즉시'라는 뜻으로, 금방 다시
돌아온다는 뜻을 강조해 주죠.

A : Where are you going? 어디 가?

B : I need to use the bathroom.
I'll be right back. 화장실 가려고. 금방 올게.

A : Save a seat for me please.
I'll be right back. 자리 좀 맡아줘. 금방 올게.

B : Okay! 알겠어!

☑️ 지나쌤의 현지 영어 TIP!

I'll be right back.이라고 하는 게 정석이지만, 실생활에서는 빨리 말할 때
주어와 조동사를 생략하고 Be right back.이라고 하는 경우도 많아요.

084

너답지 않아.

It's (so) unlike you.

상대가 평소답지 않은 말이나 행동을 할 때, "너답지 않아."라고
말하고 싶은 경우 It's not like you.라고해요. 같은 뜻으로 like
(~같은)의 부정형인 unlike(~같지 않은)를 써서 It's unlike you.
도 매우 많이 씁니다. 강조할 때는 so를 넣어서 말해요.

A : **It's unlike you. What's going on?**
너답지 않아. 무슨 일이야?

B : **I'm just a little tired.** 좀 피곤해서 그래.

A : **I want to give up.** 포기하고 싶어.

B : **That's so unlike you!** 그건 너무 너답지 않아!

☑ 지나쌤의 현지 영어 TIP!

Out of character (for ~) : ~답지 않다
성품, 성향 등 원래 모습에서 벗어났다는 말로, 주로 부정적인 의미로
사용돼요.

085

나 어제 밤새웠어.

I stayed up all night.

할 일이 너무 많아 밤을 새웠을 때 I stayed up all night.
(=I was up all night.)이라고 말해요. up은 깨어 있는 상태를
의미해요. 무엇 때문에 밤을 새웠는지 말할 때는 뒤에 for ~을
붙여서 말해요.

A : You look tired today.

너 피곤해 보인다. (친한 사이에만 하는 말)

B : That's because I stayed up all night.

그건 내가 밤을 새웠기 때문이지.

A : I stayed up all night for the exam.

나 시험 때문에 밤새웠어.

B : So did I. 나도 그랬어.

지나쌤의 현지 영어 TIP!

잠과 관련된 여러 가지 표현을 알아 두면 대화하기가 더 편해져요.

- **I couldn't sleep a wink last night.** 나 어제 한숨도 못 잤어.
- **He talks in his sleep.** 그는 잠꼬대를 해.
- **She's a light sleeper.** 그는 잠귀가 밝아(깊게 못 자).

네이티브가
매일 쓰는 영어 표현

연애/친구/상태

086

그녀에게 고백해!

Ask her out!

마음에 드는 사람에게 데이트를 신청하는 것을 ask out이라고
해요. ask out은 ask <u>me</u> out, ask <u>her</u> out처럼 데이트 신청을
받는 대상과 함께 쓰입니다.

A : You should ask her out. 그녀에게 고백해.

B : You think? 그래야 한다고 생각해?

A : I want to ask her out. 그녀에게 고백하고 싶어.

B : Go for it! 파이팅이야!

✅ 지나쌤의 현지 영어 TIP!

상대방에게 고백할 때 쓸 수 있는 몇 가지 표현들을 알아볼게요.

- **I fell for you at first sight.** 당신에게 첫눈에 반했어요.
- **I'm crazy about you.** 난 너에게 미쳤어.
- **You're the one.** 넌 내가 찾던 한 사람이야.
- **You mean the world to me.** 넌 나의 전부야.

087

만나는 사람 있어?

Are you seeing someone[anyone]?

관심이 있는 상대에게 직설적으로 Do you have a girl[boy] friend?라고 하면 부담스럽게 느낄 수 있어요. 네이티브들은 좀 더 완곡하게 Are you seeing someone[anyone]?(요즘 만나는 사람 있나요?)이라고 한답니다.

A : **Are you seeing someone?** 사귀는 사람 있어요?

B : **I'm already seeing someone.**
저 이미 만나는 사람이 있어요.

A : **Are you seeing anyone** these days?
요즘 만나는 사람 있어?

B : **Am I seeing someone? No, I'm single.**
나 사귀는 사람 있냐고? 아니, 없어.

✓ 지나쌤의 현지 영어 TIP!

have a girl[boy]friend와 be seeing someone은 비슷한 의미지만 전자가 확실한 애인 단계라면, 후자는 사귀기 전 썸 타는 관계의 뉘앙스가 있어요. 확실히 사귀는 사이일 때 다음과 같이 말할 수도 있어요.

- **We are together.** 우리 사귀는 사이예요.
- **I'm with Luke.** 나 루크랑 사귀어.

088

그녀는 내게 과분해.

She's out of my league.

나에게 과분한 상대를 말할 때 out of my league라고 해요.
직역하면 '나의 리그를 벗어난'이라는 거죠. 영화 <내겐 너무
과분한 그녀>의 영어 제목은 She's out of my league.랍니다.
의미를 강조하고 싶다면 way(훨씬)를 사용해서 She's way out
of my league.라고 하면 돼요.

A : **She's out of my league.**
그녀는 내가 넘볼 사람이 아니야.

B : **What? Come on.** 뭐? 왜 그래.

A : **I'm going to ask her out.**
난 그녀에게 데이트 신청을 할 거야.

B : **She's way out of your league.**
그녀는 너한테 한참 과분해.

☑ 지나쌤의 현지 영어 TIP!

반대로 "네가 더 아까워."라는 의미로 쓰는 말을 알아볼게요.

• **You deserve better.** 넌 더 좋은 사람을 만날 자격이 있어.

• **You can do better.** 넌 더 좋은 사람 만날 수 있어.

• **You're too good for him.** 네가 너무 아까워.

• **She doesn't deserve you.** 걔는 널 가질 자격이 없어.

089

어장관리 하지 마!

Stop leading me on!

마음이 없으면서 좋아하는 척하거나 여러 명을 두고 관심을
표현할 때 '어장관리 한다'고 하죠. 영어로는 lead somebody
on이라는 표현을 써요. lead와 on 사이에 어장관리를 당한
사람을 넣어서 말할 수 있어요.

A : **Stop leading me on. I wasted my time
with you.** 날 어장관리 하지 마. 너한테 시간낭비했어.

B : **Sorry, I didn't mean to.** 미안해, 그럴 의도는 아니었어.

A : **I missed you so much.** 너무 보고 싶었어.

B : **Stop leading me on.** 어장관리 그만해.

✓ *지나쌤의 현지 영어 TIP!*

비슷한 느낌의 표현을 몇 가지 더 알아 두세요.
- **He's a player.** 걔 바람둥이야.
- **She cheated on me.** 그녀가 날 두고 바람 피웠어.

090

그녀가 잠수 탔어요.

She ghosted me.

갑자기 이유도 없이 연락두절이 되는 경우, '잠수 탔다'는
말을 하죠. 이런 상황에 네이티브들은 ghost라는 표현을 써요.
사람이 유령처럼 스르르 사라졌다는 의미예요.

A : **She ghosted me.** 그녀가 나에게 잠수 탔어.

B : Why? What happened? 왜? 무슨 일이 있었는데?

A : I think **he ghosted me.** 그가 잠수 탄 것 같아.

B : Are you serious? 진심이야?

☑ 지나쌤의 현지 영어 TIP!

상대가 나에게서 잠수를 탄 상황에 대해 다음과 같이 말할 수도 있어요.

- **I got ghosted.** 나 잠수 이별 당했어.
- **I lost contact with her.** 나 걔랑 연락 끊겼어.
- **I don't talk to her anymore.** 나 걔랑 더 이상 연락 안해.

091

그녀가 나를 찼어.
She dumped me.

연인 사이에서 한 명이 일방적으로 차는 경우, dump(~를 차다)를 사용해서 말해요. 반대로 be[get] dumped by라는 수동의 형태로 '~에게 차였다'라고 쓰기도 합니다.

A : Why did you two break up? 너희 왜 헤어졌어?

B : She **dumped** me. 그녀가 나를 찼어.

A : I can't believe she **dumped** me.
   그녀가 나를 차다니 믿을 수가 없어.

B : Tell me about it. 내 말이.

☑ 지나쌤의 현지 영어 TIP!

연인 간의 이별/거절과 관련된 표현을 몇 가지 더 알아볼게요.

- **I turned him down.** 난 그를(그의 고백을) 거절했어.
- **We broke up.** 우린 헤어졌어.
- **We have had an on-off relationship.**
  우리는 사귀었다 헤어졌다를 반복해 왔다.

092

실물이 더 멋지세요!

You look better in person!

사진으로만 봐 왔던 사람을 실제로 만났을 때, 상대방을 기분
좋게 해줄 수 있는 말이에요. in person은 '직접'이라는 뜻이에요.
better을 강조할 때는 much better라고 하세요.

A : You look better in person! 실물이 더 멋지세요!

B : Thank you for saying so.
그렇게 말씀해 주셔서 감사합니다.

A : You look much better in person.
실물이 훨씬 멋지시네요.

B : I'm flattered. 과찬이십니다.

✓ 지나쌤의 현지 영어 TIP!

기본적으로 영어권에서는 외모와 관련해서 말을 조심하는 편이에요.
칭찬을 하더라도 얼굴 등 특정한 신체 부위에 대한 칭찬보다는 옷차림
이나 스타일에 대한 칭찬을 하는 것이 일반적입니다.

• **You look great!** 오늘 멋진데!

• **I like your hair.** 머리 예쁘다.

• **What a nice tie!** 넥타이 멋진데!

093

남편감
Husband material

무언가 찰떡같이 잘 어울리는 사람에 대해 "-감이야"라고 하죠.
영어로는 -material이라고 표현한답니다. 우리말도 "그는 완전
아이돌 '재질'이야."라는 신조어가 있는데, material(재질, 재료)와
연결시켜 보면 기억에 오래 남겠죠?

A : He's such a responsible man.
그는 정말 책임감 있는 사람이야.

B : Right, he's **husband material**.
맞아, 그는 남편감이야.

A : He's a player. He's not **husband material**.
그는 바람둥이야. 그는 남편감이 아니야.

B : You can say that. 일리 있어.

☑ 지나쌤의 현지 영어 TIP!

material 앞의 단어를 바꾸어, 다양한 상황에 응용할 수 있어요.

- **President** material 대통령감
- **Girlfriend** material 여자친구감
- **Marriage** material 결혼 상대감

094

우리 공통점이 많네요.

We have a lot in common.

친구나 이성과 친해지고 싶을 때 공통점이 많으면 금방 친해질 수 있죠? "우린 공통점이 많네요."라고 할 때 We have a lot in common.이라고 합니다. in common은 '공통의'라는 뜻이에요.

A : We have a lot in common. 우린 공통점이 많아.

B : You're right. 네 말이 맞아.

A : I love BTS. 난 BTS가 너무 좋아.

B : Me too! I think we have a lot in common.
나도야! 우리 정말 공통점이 많은 것 같아.

✅ 지나쌤의 현지 영어 TIP!

have in common을 활용한 표현을 몇 가지 더 알아볼게요.

• **We have many things in common.** 우린 공통점이 많아.

• **What do you guys have in common?** 너넨 공통점이 뭐야?

• **We have nothing in common.** 우린 공통점이 전혀 없어.

095

걔한테 완전 빠졌어.

I have a crush on him.

여자가 봐도 반할 만한 멋진 여성에게 '걸크러쉬'라고 하죠?
crush에는 '홀딱 반함'이라는 의미가 있어요. 동사로는 '홀딱
반하다'라는 뜻이죠. 그래서 누군가에게 푹 빠져 있다는 표현을
할 때는 have a crush on을 씁니다.

A : I have a crush on him. 나 걔한테 완전 빠졌어.

B : Oh my gosh! Are you for real?
뭐라고! 진심이야?

A : Back in high school, I had a crush on you.
고등학교 때, 너한테 홀딱 반했었어.

B : What? I didn't know that. 뭐라고? 난 몰랐어.

✓ 지나쌤의 현지 영어 TIP!

crush는 '짝사랑하는 상대'라는 의미로도 쓰이고, '격하게 좋아하는
상대'로도 쓰여요.

• My crush thinks I'm annoying. 내 짝사랑이 날 귀찮게 생각해요.

• Who is your celebrity crush? 좋아하는 연예인이 누구예요?

096

소개팅 시켜 줘.

Can you set me up?

'소개팅'에서의 소개는 introduce가 아니에요. 이성과의 만남을 주선할 때는 set[fix] up을 사용합니다. 'A(사람)에게 B(사람)를 소개하다'라고 할 때는 set[fix] A up with B라고 말한답니다.

A : Can you **set me up** on a blind date?
　　나 소개팅 시켜 줄 수 있어?

B : Of course! 물론이지!

A : Can you **set me up with** that girl?
　　나 저 애 소개해 줄 수 있어?

B : Let me ask her first. 먼저 한번 물어볼게.

✅ 지나쌤의 현지 영어 TIP!

소개팅(blind date)과 관련된 표현들을 좀 더 볼게요.

- **Who's your date?**
  너 소개팅 상대가 누구야? (*date는 명사로 '데이트 상대')

- **How was your blind date?** 소개팅 어땠어?

097

넌 너무 눈이 높아!
You're so picky!

pick은 '고르다'라는 뜻이 있어요. 여기에 -y를 붙여 picky라고 하면 '까다로운'이라는 뜻이 돼요. 물건, 사람 등 다양한 방면으로 쓸 수 있고, 이성을 보는 기준이 높거나 까다로울 때도 쓸 수 있는 표현이에요.

A : He's not good enough for me.
걔는 나한테 좀 부족해.

B : You're so picky. 넌 너무 눈이 높아.

A : You're so picky with guys.
넌 남자 보는 눈이 너무 까다로워.

B : Well, that's true. 뭐, 맞는 말이긴 하지.

☑ 지나쌤의 현지 영어 TIP!

'picky about+음식/옷…'으로 까다롭게 구는 분야를 말할 수 있어요.

· **I'm picky about food.** 난 식성이 까다로워.
· **He's picky about everything.** 그는 모든 것에 까다롭게 군다.
· **She's picky about friends.** 그녀는 친구를 까다롭게 고른다.

098

걔 내 전 남친이야.
He's my ex-boyfriend.

전 남친, 전 여친을 지칭할 때는 '전'이라는 뜻의 접두사 ex-를 붙여서 표현합니다. 마찬가지로 이혼한 전 부인은 ex-wife, 전 남편은 ex-husband라고 한답니다. 구어체로는 줄임말로 ex 라고만 이야기하기도 해요.

A : **Who was that?** 방금 누구였어?

B : **He's my ex-boyfriend.** 내 전 남친이야.

A : **Is Amy your ex-girlfriend?**
에이미가 네 전 여자친구니?

B : **No, we're just friends.**
아니요, 우린 그냥 친구 사이예요.

✓ 지나쌤의 현지 영어 TIP!

과거의 연애에 관련된 표현들을 좀 더 알아볼게요.

- **We used to date.** 우리 데이트하곤 했어.
- **We did go out.** (강조) 우리 사귀었었어.
- **We're not together anymore.** 우리 더 이상 사귀는 사이 아니야.

099

우리 친한 사이야.
We're close.

친한 사이에는 close(가까운)라는 표현을 써요. '~와 친하다'라고
하면 be close to ~를 쓰는데, 사람 간의 관계가 가까울 때뿐
아니라 시간, 거리 등이 가까울 때도 쓴답니다.

A : **Are** you **close to** her? 너 걔랑 친해?

B : Yes, we're very **close**. 응, 우리 엄청 친해!

A : **Are** you guys best friends? 너희 절친이야?

B : Yes, we're **close to** each other.
    응, 우린 서로 친한 사이야.

✓ 지나쌤의 현지 영어 TIP!

'친하다'라고 할 때 떠올릴 수 있는 intimate은 '성적인 친밀함'을 의미하
기 때문에 조심해서 써야 해요. familiar 역시 '친숙한'이라는 뜻이 있지만,
친한 사이를 말할 때 사용하는 표현은 아니에요. 대신 다음 표현들을 써
보세요.

· **We're pretty tight.** 우린 꽤 친해요.

· **I get along with her.** 전 그녀와 친하게 잘 지내요.

100

밥 잘 챙겨 먹어.
Don't skip meals.

친구나 연인 사이에 "밥 잘 챙겨 먹어."라고 할 때, 영어는 '먹는' 행동에 집중하기보다 식사를 '거르지 않는' 것에 집중해서 말해요. 그래서 "식사 거르지 마.", Don't skip meals.라고 한답니다.

A : I'm on a diet. 나 다이어트 중이야.

B : Don't skip meals. That can affect your health. 끼니 거르지 마. 건강에 안 좋을 수 있어.

A : Things have been quite hectic.
요즘 완전 정신 없어.

B : Don't skip meals. Even if you're busy.
바쁘더라도 밥 잘 챙겨 먹어.

✓ 지나쌤의 현지 영어 TIP!

skip(거르다, 빼먹다)을 사용한 다양한 표현들을 알아볼게요.

• **Don't skip my class.** 내 수업 빼먹지 마.
• **Let's skip this question.** 이 질문은 그냥 넘어갑시다.
• **My heart skips a beat.** 심쿵이야.
  (*skip a beat은 '심장이 뛰는 것을 거를 정도로 떨린다'라는 의미)

101

끼부리지 마.
Stop flirting.

flirt는 '끼부리다'라는 뜻으로, 이성에게 의도를 가지고 눈을 마주치며 웃거나 터치하고 농담을 하는 등의 행동을 이 단어로 표현할 수 있어요. 누구에게 하는지 대상을 말할 때는 with와 함께 쓰면 돼요.

A : **Stop flirting.** 끼 좀 그만 부려.

B : **What? I wasn't flirting.** 뭐라고? 나 끼부린 거 아닌데.

A : **Stop flirting with** my girlfriend.
내 여자친구한테 끼부리지 마.

B : Sorry, it wasn't my intention.
미안, 일부러 그런 건 아니야.

✅ 지나쌤의 현지 영어 TIP!

이성과 사귀기 위해 '작업을 건다'는 표현은 hit on이라고 해요. 이 표현을 활용한 표현도 알아 두세요.

• **Are you hitting on me?** 너 지금 나한테 작업 거는 거니?

• **I think she's hitting on me. Should I ask her out?**
걔가 나 꼬시는 것 같은데. 한 번 만나자고 해 볼까?

102

그는 발이 넓어.

He's well-connected.

'인맥'은 사람과 사람 사이의 '연결'이기 때문에 영어로는
connections라고 합니다. 그래서 **'발이 넓다'**라는 말을 할 때
be well-connected라고 해요. 상황에 따라 '인맥이 두텁다',
'빽이 좋다'라고 해석될 수도 있어요.

A : **He is well-connected.** 그는 발이 넓어.

B : Yeah, I think he knows everyone.
그러니까, 그는 모두를 아는 것 같아.

A : **He was very well-connected** in the legal
world. 그는 법조계에서 인맥이 두터웠어.

B : Was he? 그랬어?

✓ 지나쌤의 현지 영어 TIP!

connections(인맥)와 관련된 다양한 표현을 알아볼게요.

• **How do I make connections?** 인맥을 어떻게 만들죠?

• **Social media is a good way to build connections.**
SNS는 인맥을 쌓을 수 있는 좋은 방법이다.

103

그거 공감해.

I can relate to that.

relate to는 '공감하다', '이해하다'라는 뜻이에요. 기본적으로는 '~와 관련이 있다'라는 의미지만, 회화에서는 '~에 공감(동감) 하다'라는 말로 정말 많이 쓰인답니다.

A : I was so disappointed. 나 완전 실망했었어.

B : I can **relate to** that. 네 기분 이해해.

A : He **relates to** people well.
그는 사람들을 잘 이해해요.

B : Yeah, that's why everyone likes him.
맞아, 그래서 모두가 그를 좋아하지.

☑ 지나쌤의 현지 영어 TIP!

상대방에게 공감해 줄 때 사용할 수 있는 표현은 어떤 것들이 있을까요?

• **I would** feel the same. 나였어도 그렇게 느꼈을 거야.

• **I know** what you mean. 무슨 말인지 알겠어.

• **I feel** you. 네 마음 이해해.

104

나 결정장애야.

I'm so indecisive.

보통 어떤 것을 결정하는 데에 너무 오랜 시간이 걸리는 사람들을 두고 '**결정장애**'라고 해요. 영어로는 '**우유부단한**'이라는 뜻의 indecisive를 써서 말해요.

A : What are you having? 너 뭐 먹을래?

B : I don't know. I'm so indecisive.
모르겠어. 나 결정 잘 못하잖아.

─────────────────────

A : I'm so indecisive. 나 결정을 잘 못해.

B : You should kick the habit of indecisiveness.
그 우유부단한 습관 버려야해.

☑ 지나쌤의 현지 영어 TIP!

결정이 어려워 고민인 분들은 다음과 같은 표현들을 알아 두세요.

• **I can't make up my mind.** 결단을 못 내리겠어.

• **I can't decide what to wear.** 뭘 입을지 결정을 못 하겠어.

• **I can't pick one.** 하나만 못 고르겠어.

105

재미있었어.
It was fun.

즐겁고 재미있는 시간을 보냈을 때 "재미있었어."라고 하려면
It was fun.이라고 해요. 여기서 주의할 점은 funny를 쓰면
안 된다는 거예요. "난 즐거운 시간을 보냈어."라고 하려면
I had fun.이라고 한답니다.

A : **How was the date?** 데이트 어땠어?

B : **It was fun.** 재미있었어.

A : **Did you have fun last night?**
　　어젯밤에 재미있었어?

B : **Yes, it was really fun.** 응, 정말 재미있었어.

✅ 지나쌤의 현지 영어 TIP!

fun은 즐겁고 재미있는 상황에 쓰고 funny는 웃긴 것에 써요. 헷갈리기
쉬운 표현이니 주의하세요.

- **We had so much fun.** 우리는 정말 즐거웠어.
- **That comedian is really funny.** 그 코미디언 진짜 웃겨.

106

나 취업 준비 중이야.

I'm looking for work[a job].

취업 준비 중인 경우 "나 일자리를 찾고 있어."라는 표현으로,
I'm looking for work.라고 할 수 있어요. work 대신 a job을
쓸 수도 있습니다. look for는 '~을 찾다'라는 표현이에요.

A : **What do you do?** 무슨 일 하세요?

B : **I'm looking for work.** 취업 준비 중이에요.

A : **I'm still looking for a job.**
난 여전히 취업 준비 중이야.

B : **What kind of job do you want?**
어떤 직업을 원해?

☑ 지나쌤의 현지 영어 TIP!

취업과 관련된 유용한 표현을 몇 가지 더 알아볼게요.

• **I am in between jobs.** 다른 일 찾고 있어요.

• **It's hard to find a job these days.** 요즘 취업하기 힘드네.

• **I found[got] a job.** 나 취직했어.

107

답답해.
It's frustrating.

frustrate을 '좌절하다'라는 뜻으로만 알고 있으면 제대로
사용하기 어려워요. 일이 마음처럼 풀리지 않아
답답하고 당황스러울 때 It's frustrating., 그 상황으로 인해
내가 답답함을 느낄 땐 I'm frustrated.라고 해요.

A : My phone is not working properly.
It's frustrating. 내 폰이 제대로 작동을 안 해. 답답해.

B : Oh, that's so annoying. 아, 그럴 때 정말 짜증나.

A : It's frustrating to work with him.
그와 일하는 건 답답해.

B : What did he do this time?
이번엔 걔가 또 무슨 짓을 한 거야?

✅ 지나쌤의 현지 영어 TIP!

심리적인 '답답함'이 아닌, 공기가 탁해서 답답한 것에 대해 이야기할 때
는 stuffy를 씁니다. '(환기가 안 되어) 답답한'이라는 뜻이에요.

· It's stuffy in here. Let's open the window.
여기 너무 답답해. 창문을 열자.

108

나 소외감 느껴.

I feel left out.

여러 명 사이에서 혼자 겉도는 느낌이 들 때 feel left out을 써요.
left는 '남겨진'이라는 뜻으로, feel left out은 '소외감을 느끼다'
라는 의미가 됩니다.

A : I always **feel left out**. 난 항상 소외감을 느껴.

B : You should try to fit in.
사람들과 어울리려고 노력을 해 봐.

A : I **feel left out** in the office.
난 사무실에서 소외감을 느껴.

B : Why is that? 왜 그렇게 느껴?

✓ 지나쌤의 현지 영어 TIP!

비슷하지만 다른 표현!

① out of place는 단순히 '소외감'을 느끼는 left out과 약간 다르게
성질적으로 근본적으로 다른 느낌이 드는 상황이에요.

② outcast는 소외감을 느끼는 것을 넘어서 집단에 어울리지 못하는 사람
으로, 우리가 말하는 '아웃사이더'와 비슷한 느낌이에요.

109

나한테 갑질하지 마.

Don't boss me around.

이래라 저래라 갑질하는 것을 보고 boss around라고 말해요.
"나에게 이래라 저래라 하지 마.", "나한테 갑질하지 마."라는
말은 Don't boss me around.라고 한답니다.

A : **Don't boss me around.**
나한테 이래라 저래라 하지 마.

B : Sorry, I won't do it again.
미안해, 다시는 그러지 않을게.

A : You're not my boss, so stop trying to **boss me around.** 넌 내 상사가 아니잖아, 갑질하지 마.

B : I wasn't trying to **boss you around.**
너에게 갑질하려고 한 거 아니야.

☑ 지나쌤의 현지 영어 TIP!

'이래라 저래라 하다'의 다양한 영어 표현을 더 알아볼게요.

push someone around = **order someone around** = **slave
someone around**

110

계속 소식 들려줘.
Keep me updated.

새로운 상황이 생기면 계속 연락을 달라고 할 때 Keep me
updated[posted].라고 해요. keep은 '계속 ~하다'라는 의미로,
나를 계속 업데이트 시켜 달라는 말이죠. updated와 같은
뜻으로 posted도 씁니다.

A : Please **keep me posted.** 계속 상황 보고해 주세요.

B : Yes, sir. I'll **keep you updated.**
네. 계속 말씀드리겠습니다.

A : Can you **keep me updated** on that?
나 그거 계속 알려줄 수 있어?

B : **Absolutely.** 물론이지.

✓ 지나쌤의 현지 영어 TIP!

계속해서 연락하자고 말할 때 쓰는 keep in touch와 keep someone
updated는 뉘앙스 차이가 있어요. keep in touch는 안부 등의 일반적인
연락을 유지한다는 뜻인 반면, keep someone posted는 특정 상황에서
변화하는 상황을 계속적으로 보고할 때 사용하는 표현입니다.

Chapter 5 MP3

직역하면 안 되는
영어 표현

일상 표현

111

이럴 줄 몰랐어.

I didn't see it coming.

어떤 일이 갑자기 일어났을 때 예상치 못했다는 의미로 I didn't see it coming.이라고 해요. "이렇게 될 줄 몰랐어."라는 뜻이죠. see는 '보다' 외에도 '알다', '이해하다'라는 뜻이 있어서 직역하면 "난 그것이 오는 걸 알지 못했다."는 말이랍니다.

A : I broke up with my boyfriend.
나 남자친구랑 헤어졌어.

B : Really? I didn't see that coming.
정말이야? 예상치 못한 일이네.

A : I'm really surprised. I didn't see it coming. 나 정말 놀랐어. 전혀 예상 못 했거든.

B : Me neither. 나도 마찬가지야.

✓ 지나쌤의 현지 영어 TIP!

'알다'라는 의미의 I know.는 내가 이미 알고 있는 것에 대해서 말할 때 쓰고, I see.는 몰랐던 것을 새롭게 알게 되었을 때 사용해요.

112

오늘 정말 힘들었어.

I had a long day.

힘든 하루는 유독 길게 느껴지는 법이죠? 너무 피곤하고 길게
느껴졌던 하루를 마치면서 I had a long day.라고 하면
"난 긴 하루를 보냈어.", 즉 "오늘 정말 힘들었어."라는 뜻이 돼요.

A : **I had a long day. I'm so exhausted.**
오늘 긴 하루였어. 너무 피곤하다.

B : **You should get some sleep.** 잠 좀 자.

A : **Is everything okay?** 괜찮은 거 맞아?

B : **I had a long day,** and I don't want to talk
about it. 힘든 하루였는데, 얘기하고 싶지 않아.

✅ 지나쌤의 현지 영어 TIP!

힘든 하루를 보냈다고 할 때 위로해 줄 수 있는 표현으로 Get some
rest(좀 쉬어).가 있어요. take a break는 어떤 것을 하는 중에 잠시 쉬는
의미랍니다.

· **You look tired. Go get some rest.** 피곤해 보인다. 가서 좀 쉬어.

· **Why don't you take a break?** 좀 쉬었다가 하지 그래?

113

여기까지 합시다.
Let's call it a day.

"그것을 날이라고 부르자."라고 직역하면 안 되는 대표적인 표현이에요. 일을 하다가 이제 그만했으면 좋겠다고 말하고 싶을 때, "이쯤에서 그만하자.", "오늘은 여기까지 하자."라는 말이에요.

A : I'm too exhausted. 너무 지친다.

B : So am I. **Let's call it a day.**
    나도야. 오늘은 이만 마치자.

A : **Let's call it a day** and finish the rest
    tomorrow. 오늘은 이쯤에서 하고, 내일 마저 하자.

B : Fine, we'll wrap up tomorrow.
    좋아, 그럼 내일 마무리 짓자.

☑ 지나쌤의 현지 영어 TIP!

하던 일을 마치자고 얘기하는 다양한 표현을 알아볼게요.

- **Let's wrap it up.** 여기서 마무리하자. (*wrap up: 끝내다, 마치다)
- **Let's get it over with.** 후딱 해치워 버리자.
  (성가신 일을 해치우자는 뉘앙스이니 주의해서 사용하세요.)

114

내가 해냈어!

I made it!

I made it.을 직역하면, "내가 그것을 만들었다."라는 의미지만 실제로 이 해석은 틀렸어요. 뭔가를 성공했을 때, (모임 등에) 참석했을 때, 제시간에 도착했을 때 등 "내가 해냈어."라는 의미로 사용한답니다.

A : **Finally, I made it!** 드디어 내가 해냈어!

B : **Congratulations!** 축하해!

A : **Yes, I made it!** 나 (겨우) 도착했다!

B : **Wow, you're on time!** 와우, 시간 맞춰 왔네!

✓ 지나쌤의 현지 영어 TIP!

make it은 매우 다양한 상황에서 쓰이므로 익숙해질 수 있도록 많은 표현을 접해 보세요.

• **We can make it!** 우린 해낼 수 있어!

• **I don't think I can make it today.** 오늘 나 못 갈 거 같아.

• **I can't make it on time.** 시간 맞춰 못 갈 것 같아.

115

나눠서 내자. / 더치페이하자.
Let's split it.

각자 자신의 몫을 계산한다는 의미로 쓰는 '더치페이'는
사실 영어로 쓰지 않는 표현이에요. 대신 Let's split it.이라고
한답니다. split은 '나누다'라는 뜻이기 때문에 Let's split the
bill(계산서를 나누자). 또는 간단히 Let's split it.이라고 하죠.

A : Who's paying for lunch? 점심 누가 사는 거야?

B : Let's split it! 나눠서 각자 내자!

A : I'll pay for dinner. 내가 저녁 살게!

B : You don't have to do that. Let's split the bill.
안 그래도 돼. 각자 계산하자.

☑ 지나쌤의 현지 영어 TIP!

상대에게 한턱 쏘고 싶을 때, 네이티브들은 이렇게 말해요.

• It's my treat. 제가 대접할게요.

• It's on me. 이건 제가 사는 거예요.

• I'll pay for **dinner[lunch]**. 제가 저녁[점심] 살게요.

116

넌 제멋대로야.
You're spoiled.

spoil은 '망치다'라는 뜻이에요. 누군가가 spoiled 되었다고 하면,
오냐오냐 자라서 버릇이 없거나 제멋대로 구는 사람을 말해요.
그래서 You're spoiled.라고 하면 "넌 제멋대로야."라는 뜻이
돼요.

A : She's being so rude. 쟨 너무 무례하게 행동해.

B : Yeah, she's spoiled. 응, 쟤는 제멋대로야.

A : I don't understand him. 난 걔 이해를 못하겠어.

B : He's spoiled. 걔는 제멋대로라 그래.

☑ 지나쌤의 현지 영어 TIP!

네이티브들만 아는 spoil의 또 다른 의미가 있어요. 연인 사이에서 한쪽이
너무 잘해주고, 선물 공세를 할 때 You spoil me.라고 말할 수 있어요.
이 표현은 "너무 잘해주지 마, (나) 버릇 나빠져."라는 말이랍니다.

117

철 좀 들어라!
Grow up!

철없이 구는 친구에게 "철 좀 들어."라고 할 때는 Grow up.
이라고 합니다. grow up은 '성장하다'라는 의미인데, 육체적
성장뿐 아니라 정신적인 성장도 포함해요. 이 표현은 친한
사이나 아랫사람에게만 쓰는 게 좋아요.

A : I want to have everything I want.
난 내가 원하는 것은 다 갖고 싶어.

B : Grow up. 철 좀 들어라.

A : I hate my job so much. 난 내 일이 너무 싫어.

B : Stop complaining. You should grow up.
불평 좀 그만해. 너도 철 좀 들어야지.

✓ 지나쌤의 현지 영어 TIP!

철이 없는 친구에게 한마디 할 때 쓸 수 있는 표현들을 알아볼게요.

- **Act your age!** 나잇값 좀 해!
- **Stop acting like a child.** 애처럼 굴지 마.
- **When will you grow up?** 넌 언제 철 들래?

118

그럭저럭이에요. / 불만은 없어요.
Can't complain.

상황이나 생활에 대한 질문에 딱히 좋지도 싫지도 않다고 센스 있게 대답할 수 있는 표현이에요. "딱히 불평할 건 없어."라는 말로, 그럭저럭 지내고 있다는 의미죠.

A : **How are you?** 요즘 어때요?

B : **Can't complain.** 불만은 없어요.

A : **How's your new job?** 새 직장은 다닐 만해요?

B : **Can't complain. Things are going pretty well.**
네, 불만은 없습니다. 그럭저럭 잘 돌아가고 있는 것 같아요.

✓ 지나쌤의 현지 영어 TIP!

"그냥 그래."라는 의미로 So-so.는 거의 쓰지 않아요.
다음과 같은 표현들을 말해 보세요.

- **I'm just getting by.** 그럭저럭 지내고 있어.
- **Nothing special.** 특별한 일 없어.
- **Not good, not bad.** 좋지도, 싫지도 않아.

119

나 필 받았어!

I'm on fire!

어떤 일이 술술 잘 풀릴 때 I'm on fire!라고 말해요. 직역하면
"나 불 붙었어!"라는 말인데, 소위 말하는 '필 받았다'고 말할 때
이 표현을 쓰죠. 스포츠 경기 등에서 탄력을 받아 이기고 있을
때도 사용합니다.

A : I'm on fire today! 나 오늘 완전 필 받았어!

B : It seems like it. 그래 보이네.

A : Hey! 야!

B : Don't stop me now. I'm on fire.
날 멈추지 마. 완전 불 붙었으니까.

✅ 지나쌤의 현지 영어 TIP!

be on fire은 맥락에 따라서 말 그대로 '불이 붙었다'는 의미로 사용될 수
도 있으니 주의해서 파악하세요.

• **That house is on fire.** 저 집이 불타고 있어.

120

나 다 했어.
I'm done.

일, 공부 등을 마쳤을 때, 음식을 다 먹었을 때 등 어떤 것을 끝내는 상황에 I'm done.을 씁니다. 직역하면 뜻이 이상해지기 때문에 관용적 표현이라고 생각하고 외워 두세요. 일을 '거의' 마쳐갈 때는 I'm almost done.이라고 한답니다.

A : **Are you done packing?** 짐 다 쌌어?

B : **Yes, I'm done.** 응, 다 했어.

A : **I'm done working.** 나 일 끝났어.

B : **Good, let's go get some beer.**
좋네, 가서 맥주 한잔하자.

✓ 지나쌤의 현지 영어 TIP!

'done with+사람'의 형태로 쓰면, 그 사람과의 '관계를 끝내다', '정리하다'라는 의미가 돼요.

• **I'm done with you.** 너랑은 끝났어.

• **I'm done with him.** 걔랑은 끝이야.

121

내가 처리할게.

I got this.

상대방의 도움을 사양하거나 어려운 일을 하겠다고 나서는
상황에서 할 수 있는 말이에요. 상황에 따라 "내가 해결할게.",
"내가 계산할게.", "내가 알아서 할게." 등 정말 다양하게
사용할 수 있어요.

A : Let me help you. 내가 도와줄게.

B : Oh, I got this. 아, 내가 해결할게.

A : I'm so scared right now. 나 지금 완전 겁먹었어.

B : I got this. Please calm down.
   내가 처리할게. 제발 진정해.

☑ 지나쌤의 현지 영어 TIP!

어려운 일이 생겼을 때 "내가 처리할게."라고 믿음직스럽게 나서는
표현을 더 알아볼게요.

• I'll take care of it. 그 문제는 내가 처리할게.

• I'll handle it. 내가 처리할게.

• I'm on it. 내가 이거 맡을게.

135

122

여긴 무슨 일이야?

What brings you here?

직역하면 "무엇이 너를 여기로 데려왔니?"로, 무슨 일로 왔는지 묻는 표현이에요. 과거형으로 What brought you here?도 많이 사용된답니다. Why are you here?보다 좀 더 격식 있는 표현이에요.

A : **What brings you here?** 여긴 무슨 일이세요?

B : I'm here to meet Dr. Kim. 김 선생님 뵈러 왔습니다.

A : Do you mind my asking **what brings you here?** 여기 어쩐 일로 오셨는지 여쭤봐도 될까요?

B : I'm here to learn Korean.
한국어를 배우고 싶어서 왔어요

☑️ 지나쌤의 현지 영어 TIP!

방문한 목적을 대답할 때는 I'm here to/for ~로 대답할 수 있어요.

• I'm here to **visit my friend.** 친구를 방문하러 왔어요.

• I'm here for **the party.** 전 파티 때문에 왔어요.

123

이거 작동이 안 돼요.
It doesn't work.

기계나 물건이 제대로 작동하지 않을 때 유용한 말이에요. work 는 '일하다'라는 뜻 외에 '(기계 등이) 작동하다'라는 뜻도 있어요. 물건이 지금 작동되지 않는 상태를 강조하고 싶을 때는 It's not working.이라고도 한답니다.

A : Does that work? 그거 제대로 작동해?

B : No, it doesn't work. 아니, 작동을 안 해.

A : My laptop doesn't work. 내 노트북이 작동을 안 해.

B : Did you drop it? 떨어뜨렸니?

✅ 지나쌤의 현지 영어 TIP!

work는 '(약 등이) 효과가 있다'라는 의미도 있어요.

- A: Have you taken any medicine? 약 먹었어?
  B: I have. But it doesn't work for me.
  응. 근데 나한텐 효과가 없네.

124

음식이 상했어.
It's gone bad.

음식이 상했을 때 하는 말이에요. 상했다는 의미의 rotten, spoil
도 쓰지만, 네이티브들은 bad라는 쉬운 단어로 말하는 것을
선호합니다. have gone bad는 '음식이 안 좋은(상한) 상태가
되었다'라는 뜻이죠.

A : Ewww, it smells bad. 으악, 냄새가 안 좋아.

B : I think it's gone bad. 그거 상한 것 같아.

A : The milk has gone bad. 우유가 상했어.

B : Let's just throw it away. 그냥 버리자.

✓ 지나쌤의 현지 영어 TIP!

음식과 관련된 유용한 표현들을 알아볼게요.

• **It tastes funny.** 이거 맛이 이상해.

• **I lost my appetite.** 나 식욕을 잃었어.

• **Finish your food before it gets soggy.**
  눅눅해지기 전에 음식 다 먹어.

125

뜬금없어.
That's so random.

대화 중에 주제와 동떨어진 이야기를 하거나 뜬금없는 행동을
할 때 "그것 참 뜬금없네.", "갑작스럽네."라는 의미로 That's so
random.이라고 말해요.

A : I'm going to France this weekend.
나 주말에 프랑스에 가.

B : That's so random! 갑자기 뜬금없네!

A : She was acting like a zombie.
쟤 좀비 흉내를 내고 있었어.

B : That's so random. 정말 특이하네.

✅ 지나쌤의 현지 영어 TIP!

'갑자기', '뜬금없이'라는 표현은 Out of nowhere, All of the sudden이라
고도 하고, 어떤 것을 보고 "특이하네."라고 말할 때는 That's so strange.
/ How strange. / That's weird.라고도 말해요.

126

일이 좀 생겼어.

Something came up.

예상치 못한 일이 생겨서 원래 계획에 차질이 생겼을 때 하는 말입니다. "일이 좀 생겼어."라는 뜻으로, '떠오르다'라는 뜻의 come up을 활용하여 어떤 일이 갑자기 발생했다는 의미를 나타내요.

A : Why are you not coming today?
왜 오늘 안 오는 거야?

B : Something came up. 일이 좀 생겼어.

A : I'm so sorry I'm late. Something came up. 늦어서 죄송해요. 일이 좀 생겨서요.

B : It's all right. 괜찮아요.

☑ 지나쌤의 현지 영어 TIP!

무엇에 관련된 일이 생겼는지 at과 with를 써서 좀 더 구체적으로 표현해 볼까요?

• **Something came up at work.** 회사에 일이 생겼어요.
• **Something came up with my family.** 가족 관련 일이 생겼어요.

127

맹세해.

I swear.

swear은 '맹세하다'라는 뜻이에요. 대화를 하다가 말의
진실성이나 결백을 주장하기 위해 I swear(맹세해).라고 할 수
있어요. 그 뒤에 to God(신에게)을 붙여 강조할 수도 있습니다.

A : Did you steal my bag? 네가 내 가방 훔쳤니?

B : I swear it wasn't me. 내가 안 그랬다고 맹세해.

A : Stop lying! 거짓말 그만해!

B : I swear to God I'm telling the truth.
신께 맹세하고 진실을 말하는 거야.

✓ 지나쌤의 현지 영어 TIP!

swear은 '맹세하다'라는 의미 외에도, '욕', '욕을 하다'라는 의미로도
많이 쓰이므로 맥락을 잘 파악해서 써야 해요.

· **Don't use swear words.** 욕을 사용하지 마.

· **Don't swear in front of people.** 사람들 앞에서 욕하지 마.

128

천천히 하세요.
Take your time.

"서두르지 말고 천천히 하세요."라는 영어 표현에는 의외로
slow가 들어가지 않아요. Take your time.이라고 하는데,
직역하면 "너의 시간을 가져라.", 즉 "시간을 갖고 천천히 해라."
라는 의미죠. 문자 메시지에서는 **TYT**로 줄여 말해요.

A : **Take your time.** We've got a lot of time.
　　천천히 해. 시간 많아.

B : Oh, thanks! 아, 고마워!

- - -

A : Sorry, I'm going to be a few minutes late.
　　미안해, 나 몇 분 늦을 것 같아.

B : No problem. **Take your time.** 괜찮아. 천천히 와.

✓ 지나쌤의 현지 영어 TIP!

여유를 가지라고 격려하는 표현을 더 알아볼게요.

- **Take it easy.** 여유를 가지고 해.
- **Don't work too hard.** 너무 열심히 하지는 마.

129

선착순입니다.

(It's) First come, first served.

'먼저 온 사람이 임자'라는 표현처럼 '선착순'을 영어로 말할 때는 (It's) First come, first served.라고 해요. 말 그대로 '먼저 오면 먼저 대접을 받는다'는 의미죠. 관련해서 '선착순 제도'를 first-come basis라고 한답니다.

A : Can I reserve a seat? 자리 예약할 수 있나요?

B : It's first come, first served. 선착순입니다.

A : Registration is first come first served.
등록 신청은 선착순입니다.

B : Oh, I see. 아, 그렇군요.

✅ 지나쌤의 현지 영어 TIP!

order는 '순서'라는 뜻이 있어요. order를 이용해서 '~한 순서대로'라는 표현을 다양하게 할 수 있어요.

- in the order of **arrival** 도착한 순서대로
- in the order of **application** 지원한 순서대로
- in the order of **receipt** 접수한 순서대로

130

테이크아웃 할게요.
To go, please.

매장에서 포장한 것을 가지고 나갈 때 '테이크 아웃(take out)'
한다고 하죠? 영어로는 take out 대신 **To go**라고 표현해요.
반대로 매장에서 먹는다고 할 때는 For here라고 한답니다.

A : For here, or to go? 드시고 가세요, 포장해 가세요?

B : For here, please. 먹고 갈 거예요.

A : Can I have a salmon sandwich?
연어 샌드위치 주세요.

B : Would you like that to go? 가지고 가시겠어요?

✓ 지나쌤의 현지 영어 TIP!

레스토랑에서 남은 음식을 포장해 가고 싶을 때
Can I get this to go?(포장해 가도 될까요?)라고 하면 돼요.
doggy-bag(남은 음식을 가져갈 수 있는 주머니)이라는 말도 있긴 한데,
요즘에는 잘 사용하지 않아요.

131

어쩌다 한 번
Once in a while

어떤 것을 아주 가끔씩만 할 때, '어쩌다 한 번'이라는 표현으로 once in a while이라고 해요. 주로 문장 뒤에 붙여서 말해요.

A : Are you in touch with him? 너 걔랑 아직 연락해?

B : He calls me **once in a while**.
아주 가끔씩 나에게 전화를 걸어.

A : I don't drink much. 난 술을 많이 마시지 않아.

B : Same here. I only drink alcohol **once in a while**. 나도 그래. 어쩌다 한 번씩만 마셔.

✅ 지나쌤의 현지 영어 TIP!

'거의 ~하지 않는다'는 의미로 rarely를 사용해요. rarely에는 부정의 의미가 포함되어 있기 때문에 don't나 doesn't를 쓰면 안된다는 점에 주의하세요.

- **I rarely** watch television. 나는 텔레비전을 거의 보지 않는다.
- **He rarely** spoke his mind.
  그는 좀처럼 속마음을 말하지 않았다.

132

머릿속이 복잡해.

I have a lot on my mind.

이런 저런 생각들로 머릿속이 복잡할 때 I have a lot on my mind.라고 말해요. '머릿속에 많은 것을 가지고 있다', 즉 '머릿속이 복잡하다'라는 의미죠.

A : Why do you look so down?
왜 그렇게 기분이 안 좋아 보여?

B : I just have a lot on my mind.
그냥 생각이 많아서 그래.

A : I have a lot on my mind these days.
요즘 생각(고민)이 많아.

B : You can always talk to me.
언제든 나에게 털어놔도 돼.

✓ 지나쌤의 현지 영어 TIP!

너무 바쁘고 고민이 많아 복잡할 때 다음과 같이 말할 수도 있어요.

- **My head is full.** 고민이 많아.
- **My plate is full.** 나 너무 바빠. [*머릿속을 음식을 가득 담은 접시에 비유]

133

나 길치야.

I'm bad with directions.

방향 감각이 없고 길을 잘 못 찾는 사람을 '길치'라고 부르죠?
영어로는 명사형이 없고 be bad with directions(방향 감각이
약하다)라고 말해요.

A : Did you get lost? 너 길을 잃은 거니?

B : I think so. I'm bad with directions.
그런 것 같아. 나 길치잖아.

A : I'm really bad with directions.
난 정말 방향 감각이 없어.

B : Try Google Maps! 구글 맵을 이용해 봐!

✓ 지나쌤의 현지 영어 TIP!

어떤 것에 능숙하거나 미숙한 것은 good과 bad를 이용해서 말해요.

- good with ~ ~에 능숙한, 친숙한
  → I'm good with kids. 나는 애들을 잘 봐.
- bad with ~ ~에 미숙한, 어색한
  → I'm bad with adults. 나는 어른 공포증이 있어(함께 있으면 어색해).

134

만감이 교차하네.

I have mixed feelings.

기분이 좋기도 하고 나쁘기도 하고 뭔가 묘한 기분, 만감이 교차
하는 감정을 말할 때 I have mixed feelings.라고 합니다.
직역하면 "복잡한 감정이 있어."라는 말이죠.

A : **How do you feel now?** 지금 감정이 어때?

B : **I have mixed feelings.** 만감이 교차해.

A : **I have mixed feelings** about this trip.
이번 여행에 만감이 교차하네.

B : **Me too.** 나도 그래.

☑ 지나쌤의 현지 영어 TIP!

콕 집어 설명할 수 없는 '복잡한 감정'을 나타내는 표현을 더 알아볼게요.

• **I have mixed emotions.** 복합적인 감정이 들어요.

• **I'm sad and happy at the same time.** 기쁘면서도 슬퍼요.

• **It's bittersweet.** 시원섭섭하네요.

얼마 전에 / 저번에
The other day

최근 일어난 일에 대해 이야기할 때, '얼마 전에', '저번에'라는
표현으로 the other day라고 해요. 직역하면 어색하기 때문에
그냥 그 자체로 외워 두세요. 밤에 있었던 일을 말할 때는
the other night이라고 하면 됩니다.

A : I saw him **the other day**. 얼마 전에 그를 봤어.

B : Where did you see him? 어디에서 봤는데?

A : We went shopping **the other day**.
우리는 얼마 전에 쇼핑을 갔어.

B : Oh, what did you get? 오, 뭐 샀어?

✓ 지나쌤의 현지 영어 TIP!

네이티브들만 아는 '최근에'를 뜻하는 lately와 recetly의 차이!

- **Lately** 과거부터 현재까지 이어지는 반복적이거나 지속적인 최근 일
  (현재완료와 함께 사용)
  → **It has been raining a lot** lately. 최근에 비가 계속 내렸다.
- **Recently** 최근에 있었던 하나의 사건(단순 과거와 함께 사용)
  → **I saw them** recently. 나는 최근에 그들을 보았다.

136

영원히
For good

'영원히' 하면 forever만 떠올리셨죠? 네이티브들은 '영원히', '영영'이라는 의미로 for good도 많이 사용해요. 뜻을 모르고 직역하면 '좋으라고', '좋기 위해서'처럼 전혀 다르게 해석될 수 있으므로 잘 외워 두세요.

A : Are you leaving **for good?** 영영 떠나는 거야?

B : **For good.** 응, 영원히.

A : I'll go back to the U.S. 난 미국으로 돌아갈 거야.

B : **For good?** 영원히(아예)?

☑ 지나쌤의 현지 영어 TIP!

'영원히'라는 의미의 forever와 for good은 뉘앙스 차이가 분명히 있어요. forever는 긍정적이거나 중립적인 상황에 쓰인다면, for good은 주로 부정적인 의미에 사용돼요. 예를 들어, I'll love you forever(난 널 영원히 사랑해).라고 할 수는 있지만, I'll love you for good.이라고는 하지 않아요.

137

두말하면 잔소리지.

It goes without saying.

당연한 사실에 대해 얘기하거나 모두가 아는 이야기를 할 때 하는 말이에요. It goes without saying. 하면 말하지 않고도 go(간다, 통한다)라는 의미죠. 뒤에 무엇이 당연한지 that절로 구체적으로 말할 수 있어요.

A : Do you think health is important?
건강이 중요하다고 생각해?

B : It goes without saying. 두말할 나위가 없지.

A : It goes without saying that smoking is harmful to your health.
담배가 건강에 해를 끼친다는 건 너무 당연한 얘기야.

B : I agree. 나도 그렇게 생각해.

☑ 지나쌤의 현지 영어 TIP!

당연하다는 표현으로 needless to say라고 말할 수도 있어요.
'말할 필요도 없이'라는 뜻이죠.

- Needless to say, she's a good person.
  말할 필요도 없이, 그녀는 좋은 사람이야.

138

지금 가는 중이야.

I'm on my way.

어딘가에 가는 중일 때, "지금 가는 길이야.", "가고 있어."라는
의미로 I'm on my way.라고 합니다. 직역하면 "내 길 위에
있어."가 되니까 어색할 수 있어요. 제대로 된 의미를 알아 두세요.

A : **I'm on my way.** 나 지금 가는 중이야.

B : **Okay, I'll see you soon.** 알겠어, 곧 보자.

A : **Where are you right now?** 너 지금 어디야?

B : **I'm on my way** there. 나 지금 거기 가는 중이야.

✅ 지나쌤의 현지 영어 TIP!

어딘가에 거의 다 왔다고 말할 때는 뭐라고 할까요?

- **I'm just a stop away.** 한 정거장 남았어.
- **I'm almost there.** 나 거의 다 왔어.
- **I'm coming.** 가는 중이야. / 거의 다 왔어.

139

우리 괜찮은 거지?

(Are) We cool?

다툼이나 오해가 풀린 후에 괜찮은지 확인하는 표현입니다.
"우리 사이 괜찮은 거지?"라는 뜻으로, (Are) We cool?이라고
하는데, 회화에서는 Are을 생략해서 훨씬 더 많이 얘기해요.

A : So… **We cool?** 그래서… 우리 괜찮은 거지?

B : **Yeah, we're cool.** 응, 괜찮아.

A : I thought you didn't like me.
   난 네가 나 싫어하는 줄 알았어.

B : But **we cool now?** 그치만 지금은 우리 괜찮은 거지?

☑ 지나쌤의 현지 영어 TIP!

친구가 We cool? 하고 물었을 때 괜찮은 경우 We're good[cool].이라고
대답하고, 안 괜찮은 경우는 No, we're not good.이라고 대답할 수 있어요.

140

~의 이름으로
Under the name of ~

식당 등에 예약을 하려면 예약자의 이름이 필요하죠? "~의 이름으로 예약했어요."라고 말할 때, 네이티브들은 under라는 표현을 사용해요. 직역해서 '이름 아래에'라고 생각하면 안 돼요. 'under+이름' 혹은 'under the name of+이름' 형태로 사용된답니다.

A : Whose name is the reservation under?
어느 분 앞으로 예약되어 있나요?

B : I made a reservation under Gina.
지나 이름으로 예약했어요.

A : I'm sorry, but your name is not on the list.
죄송하지만 성함이 명단에 없네요.

B : Maybe it's under Sean.
어쩌면 션 이름으로 되어 있을 수도 있어요.

✅ 지나쌤의 현지 영어 TIP!

appointment는 미팅 및 진료 예약 등의 '공식적인 약속'을 의미하는데요, 이는 '사람과 만나는 약속'을 의미해요. 호텔이나 레스토랑을 예약할 때는 사람 사이의 약속이 아니므로 appointment 대신 reservation이나 booking을 주로 사용합니다.

06

직역하면 안 되는
영어 표현

대화에
유용한 표현

141

그거 알아?
Guess what?

본격적으로 이야기를 시작하기 전, 상대방의 궁금증을 유발하는
말입니다. "뭔지 맞춰볼래?"가 아니라, "있잖아, 그거 알아?"라는
의미로, 대화를 시작할 때 쓰는 표현이죠.

A : **Guess what?** 그거 알아?

B : **I don't know, what?** 모르겠어, 뭔데?

A : **Guess what happened!** 무슨 일이 일어났는지 알
아?

B : **What?** 뭔데?

✔ 지나쌤의 현지 영어 TIP!

정말로 어떤 것을 맞춰 보라고 얘기하고 싶을 때는
Take a guess. / Make a guess.라고 합니다.

왜 이래~!

Come on~!

Come on.을 "이리 와."라는 의미로 알면 안 됩니다. 상대방이
내 말을 들어주지 않거나 나를 짜증나게 할 때, "왜 그래~ 쫌!"
하며 핀잔을 주거나 설득하는 표현이에요.

A : **Oh, come on! Let's just go.** 아, 제발! 좀 가자.

B : **All right.** 알겠어.

A : **I don't think we can do this.**
우리 이걸 해낼 수 없을 것 같아.

B : **Oh, come on, let's just do it!** 아 좀, 그냥 하자!

✅ 지나쌤의 현지 영어 TIP!

"이리 와."는 Come on.이 아닌 Come here.라고 합니다. 하지만 Come
here.은 명령하는 느낌이기 때문에 다음과 같이 부드럽게 이야기하세요.

• **Can you come here for a sec?** 잠시 이쪽으로 와 주시겠어요?

143

나 좀 태워다 줄 수 있어?

Can you give me a ride?

미국의 경우 넓은 땅에 비해 대중교통이 덜 발달된 곳이 의외로 많기 때문에, 개인 차가 없이는 생활이 어려운 경우가 많아요. 그래서 친구끼리 태워 달라고 부탁하는 일이 흔하죠. 그럴 때 Can you give me a ride?는 필수로 알고 있어야 하는 표현이랍니다.

A : **Can you give me a ride?** 나 좀 태워다 줄 수 있어?

B : **Of course, I can.** 그럼, 물론이지.

A : **Can you give me a ride** to the airport?
나 공항까지 데려다 줄 수 있어?

B : **It's out of my way, sorry.** 난 그 길로 안 가서, 미안해.

✓ 지나쌤의 현지 영어 TIP!

목적지를 넣어 말하고 싶을 땐 뒤에 'to+장소'를 덧붙여요. home, there에는 to를 생략한다는 것에 주의하세요.

- **Can you give me a ride to the airport?**
나 공항에 좀 태워다 줄 수 있어?
- **Can you give me a ride home?** 나 집까지 차로 데려다줄 수 있어?

144

그렇게 하세요.

Be my guest.

부탁을 받았을 때 허락하는 말이에요. 기꺼이 그렇게 하라는
(Please do) 의미로, "그러세요.", "얼마든지."의 뉘앙스예요.
"내 손님이 되세요."라고 직역하면 안 돼요.

A : Can I borrow your car next week?
다음 주에 당신 차를 빌려도 될까요?

B : Be my guest. 그렇게 하세요.

A : If you want to try, be my guest.
해보고 싶다면, 그러셔도 돼요.

B : Oh, I'd love to. 오, 그러고 싶네요.

✓ 지나쌤의 현지 영어 TIP!

상대방의 부탁을 허락할 때, 이런 표현도 사용해 보세요.

- **Do as you wish.** 원하는 대로 하세요.
- **Go ahead.** 그러세요.
- **Help yourself.** 좋을 대로 하세요.

145

그 정도 했으면 됐어! / 그만해!

Enough is enough!

상대방의 말이나 행동을 더 못 참겠다 싶을 때, 단호하게 한마디 할 때 쓰는 표현이에요. 이제 충분히 했으니 그만 좀 하라는 의미 예요.

A : **Enough is enough!** 이제 좀 그만해!

B : **Fine, fine.** 알겠어, 알겠다고.

A : **Stop nagging me. Enough is enough.**
잔소리 좀 그만해. 그쯤 했으면 됐잖아.

B : **I'm sorry, I didn't mean to.**
미안해, 그러려고 그런 건 아니야.

☑ 지나쌤의 현지 영어 TIP!

인내심에 한계가 왔을 때 이 표현도 쓸 수 있어요.

• **That's enough!** 그만 좀 해!

• **I can't stand it anymore.** 더 이상 참을 수 없어.

146

그게 다야?
That's it?

상대방이 한 말이나 행동에 대해 "그게 다야?", "그게 전부야?"
라고 되물을 때 That's it?이라고 해요. 어감에 따라 공격적인
표현이 될 수도 있으니 주의해서 사용하세요.

A : I came here to tell you this.
너에게 이 말을 하고 싶어서 왔어.

B : That's it? 그게 다야?

A : I'm done with my work. 일 다 했어요.

B : That's it? That's what you can do?
그게 다야? 이것밖에 못 해?

✓ 지나쌤의 현지 영어 TIP!

That's it.은 질문이 아닌 감탄사나 평서문으로도 다양한 상황에서 쓸 수
있는 표현이에요.

① 상대의 의견이 맞을 때 "바로 그거야!"

② "이게 전부야.", "그 뿐이야.", "다 끝났어."

③ 화가 나서 못 참겠을 때 "더는 못 참아."

147

괜찮아요.
You're good.

상대방이 사과를 했을 때, "괜찮아요."라고 사과를 받아주는
표현이에요. "너는 좋아."가 아니랍니다. 격식을 차려야 하는
사이라면 직접적인 You대신 It을 써서 It's all good.이라고
하는 것이 더 부드러워요.

A : I'm sorry I'm late. 늦어서 미안해.

B : You're good. 괜찮아.

A : I'm sorry, I misspelled your name.
   미안, 네 이름 철자를 틀렸어.

B : You're good. It's not a big deal.
   괜찮아, 별거 아니야.

✅ 지나쌤의 현지 영어 TIP!

미국에서 술집 등에서 신분증 검사를 할 때 직원이 You're good.이라고
하는데요, 이때는 "가셔도 좋습니다.", "통과입니다."라는 허락/허용의
의미예요.

148

그 말 취소할게.

I take it back.

말실수를 해서 방금 한 말을 주워 담고 싶을 때 I take it back.
이라고 해요. it 자리에 물건을 넣어서 take something back
이라고 하면 '반품한다'라는 의미로도 쓰인답니다.

A : **That was so offensive.** 그 말은 불쾌했어.

B : **I take it back. Sorry about that.**
그 말 취소할게. 미안해.

A : **Watch your language.** 말 조심해.

B : I'm sorry. **I take back my words.**
미안. 내 말 취소할게.

☑ 지나쌤의 현지 영어 TIP!

말실수를 취소하겠다고 할 때 cancel은 쓰지 않아요. cancel은
약속(an appointment)이나 예약(a reservation) 등을 취소할 때
주로 사용한답니다.

149

너답게 행동해.

Just be yourself.

중요한 자리일수록 자신만의 모습과 매력을 보여주는 게
중요하겠죠? 면접이나 소개팅을 앞두고 긴장해 있는 친구에게
"평소 하던 대로 해.", "너 자신답게 행동해."라고 격려할 때
하는 말이에요.

A : I'm so nervous. What if I blow it?
    너무 긴장돼. 망치면 어떡하지?

B : Just be yourself. You'll do great.
    그냥 너답게 행동해. 넌 잘할 거야.

A : Just be yourself! 평소대로 해!

B : Okay, I'll try. 알겠어, 노력해볼게.

✓ 지나쌤의 현지 영어 TIP!

친구의 긴장을 풀어줄 수 있는 표현들은 이런 것도 있어요.

▪ **Don't be nervous.** 긴장하지 마.

▪ **Just relax.** 그냥 긴장 풀어.

▪ **You do you.** 너 하고 싶은 대로 해.

150

자책하지 마.

Don't be so hard on yourself.

실수를 하고 스스로를 탓하는 친구에게 "너무 그렇게 자책하지 마."라고 위로할 때 쓰는 말이에요. "너 스스로에게 너무 심하게 하지 마."라고 직역하면 좀 애매할 수 있으니 뜻을 잘 기억해 두세요.

A : I screwed it up. 내가 망쳐버렸어.

B : Don't be so hard on yourself. 너무 자책하지 마.

A : Don't be so hard on yourself. It's not your fault. 자책하지 마. 네 잘못이 아니야.

B : Thanks for saying that. 그렇게 말해줘서 고마워.

✓ 지나쌤의 현지 영어 TIP!

친구를 위로하는 다른 표현도 알아볼게요.

- Don't beat yourself up. 자책하지 마.
- Don't blame yourself. 스스로를 탓하지 마.
- Things will be better. 괜찮아질 거야.

151

말 조심해!

Watch your language!

말을 험하게 하는 상대에게 "입 조심해!", "말 조심해!"라고
경고하는 말이에요. 직역해서 "네 언어를 봐!"라고 하면
안 된답니다.

A : **Watch your language!** You're not
supposed to talk like that.
말 조심해! 그런 말 하면 안 돼.

B : I'm sorry. 미안해.

A : You'd better **watch your language**.
You swear a lot.
말 좀 가려서 해. 너 욕을 너무 많이 하잖아.

B : Mind your own business. 네 일이나 신경 써.

☑️ 지나쌤의 현지 영어 TIP!

language를 이용한 또 다른 회화 표현! talk[speak] the same language는
'같은 언어를 말한다', 즉 '말이 잘 통한다'라는 의미예요.

- **We're** talking the same language. 우린 얘기가 잘 통해.
- **I don't think we** speak the same language.
  우리는 얘기가 안 통하는 것 같아.

152

곧 뒤따라갈게.

I'll catch up with you.

catch up with ~는 '(먼저 간) ~을 따라잡다'라는 표현이에요.
이 표현은 사람을 따라잡는 것뿐 아니라 성적 같이 뒤떨어진
것을 따라잡는다는 표현도 된답니다.

A : Let's get going! 이제 가보자!

B : Why don't you go ahead? I'll catch up
with you. 너 먼저 갈래? 곧 뒤따라갈게.

A : I'll catch up with you in a minute.
곧 뒤따라갈 겁니다.

B : Okay, then. 그래, 그럼.

☑ 지나쌤의 현지 영어 TIP!

catch up은 어떤 전치사와 함께 쓰이는지에 따라 뉘앙스 차이가 있어요.

• **catch up with ~** (대상을) 따라잡다
  → **I'll catch up with you in a minute.** 내가 금방 따라갈게.

• **catch up on ~** (대상의 수준을) 따라잡다, 만회하다
  → **We have a lot to catch up on.** 밀린 할 얘기가 많아.

153

너그럽게 봐줘.

Let it pass.

누군가에게 한 번만 봐달라고 얘기할 때 pass라는 단어를 사용해요. Pass의 '지나가다'라는 의미를 활용하여 '어떤 일을 문제삼지 않다', 즉 '봐주다'라는 의미로 쓰는 거죠.

A : I don't like it, but I'll **let it pass.**
마음에 들지는 않지만 넘어가 드리죠.

B : Thank you, sir. 감사합니다.

A : **Let it pass** just this once. 이번 한 번만 봐줘.

B : Promise me you won't let it happen
again. 다시는 이런 일을 만들지 않겠다고 약속해.

☑️ 지나쌤의 현지 영어 TIP!

상대방의 잘못을 눈감아주는 상황에 쓸 수 있는 표현을 더 알아볼게요.

• **He** gave me a pass. 그가 나를 봐줬어.

• Take it easy on **him.** 걔 좀 봐줘(너무 호되게 하지 마).

154

노력 중이야.

I'm working on it.

work on something은 어떤 일을 (열심히) 하고 있을 때 또는 안 좋은 습관을 개선하려고 노력하는 상황에 사용해요. work의 '일하다'라는 의미만 생각하면 알기 어려운 표현이니 잘 외워 두세요.

A : **Stop doing that!** 그거 좀 그만해!

B : **I'm working on it.** 노력 중이야.

A : **Have you finished the report?**
보고서 다 끝냈나요?

B : **I'm working on it.** 아직 열심히 하는 중입니다.

✅ 지나쌤의 현지 영어 TIP!

무언가에 열중하고 있는 친구에게 "뭐해?"라는 의미로 What are you doing?이라고 하면 어감에 따라 공격적으로 들릴 수 있다는 사실 알고 계셨나요? 이럴 때 사용할 수 있는 표현이 What are you working on? 입니다. 더 부드럽고 자연스러운 표현이에요.

155

보아하니, / 듣자 하니,
Apparently,

Apparently는 '보아하니', '듣자 하니'라는 뜻으로 네이티브들이 정말 많이 사용하는 표현이에요. 정황적으로 추측하면서 '~한다나 봐'라고 이야기할 때 주로 쓰죠.

A : Why isn't he coming to the party?
갸는 파티에 왜 안 온대?

B : **Apparently,** he has to work this weekend.
이번 주말에는 일해야 한다나 봐.

A : Did she just ignore you? 쟤가 방금 너 무시한 거야?

B : **Apparently,** she doesn't like me.
보아하니 날 싫어하나 보네.

✓ 지나쌤의 현지 영어 TIP!

Apparently는 나의 판단이 들어간 추측에 가까운 표현이라면, Obviously(분명히, 명백히)는 공유되는 근거가 있어서 누구나 인정할 수밖에 없는 명백한 사실에 쓴다는 차이점도 알아 두세요.

156

그렇구나. / 알았어.
Gotcha.

상대방의 말을 이해했거나 동의할 때 쓰는 표현이에요.
I've got you. / I've got what you're saying.에서 나온 말로,
특히 대화 중에 **상대방의 말에 대한 리액션**으로 많이 쓰인답니다.
격식 없는 자리에서 주로 쓰이니 참고하세요.

A : Your next task is to complete this.
다음 업무는 이걸 완성하는 거야.

B : Gotcha! 알겠어요!

A : I'm not a big fan of action movies.
난 액션 영화를 별로 좋아하지 않아.

B : Gotcha. 그렇구나.

☑ 지나쌤의 현지 영어 TIP!

I've got you. = I got you. = Got you. = Gotcha. = Gotchya. =
Gotchu.
이 모든 문장이 모두 같은 의미이므로 함께 기억해 두세요.

157

잠깐 쉬죠.
Let's take five.

일이나 공부 중에 잠깐 쉬어 가자고 제안할 때 Let's take five. 라는 말을 자주 해요. Let's take a five-minute break(5분만 쉬는 시간을 가집시다).를 줄인 문장으로, 딱 5분이라기보다 "잠깐 쉬자."라는 뜻으로 이해하면 됩니다.

A : Okay, everybody. **Let's take five.**
자, 여러분. 잠깐 쉽시다.

B : Sounds great. 그게 좋겠어요.

A : I'm tired. **Can we take five?**
너무 힘들다. 잠깐 쉬어도 될까?

B : Yeah, **let's take a short break.** 그래, 잠깐 쉬자.

✓ 지나쌤의 현지 영어 TIP!

이렇게 영어에는 숫자가 다른 의미를 담고 있는 경우가 많아요. 대표적으로 101이 있습니다. 101은 '어떤 일의 가장 기본이 되는 정보'라는 뜻이고, '원오원'이라고 발음해요. 예를 들어, Social distancing 101이라고 하면 '사회적 거리두기에 대한 기본 정보'가 되는 거죠.

158

하필이면!
Of all things!

영어에 우리말과 똑같은 뜻의 '하필'이라는 단어는 없어요.
대신 문장 속에 녹여내서 표현합니다. Of all things[people/
places]를 활용해서 '하필 하고 많은 것들[사람들/장소들]
중에서'라고 말하는 거죠.

A : I'm seeing Tom. 나 요즘 톰 만나.

B : Why do you go out with him, **of all
people?**
하고많은 사람 중에 왜 하필 걔랑 사귀는 거야?

A : Why are you eating in the bathroom, **of
all places?** 왜 하필 다른 데 놔두고 화장실에서 먹는 거야?

B : I know, but I was starving.
아는데, 너무 배가 고팠어.

✓ 지나쌤의 현지 영어 TIP!

of all things는 주로 타박하는 식의 부정적인 내용으로 쓰는 경우가 많으
므로 주의해서 사용하세요.

159

지금이 절호의 기회예요.

It's now or never.

인생은 타이밍이라고 하죠? It's now or never.은 "지금이 아니면 앞으로도 절대 없어."라는 뜻으로, "지금이 절호의 기회야."라는 의미예요. 다시 오지 않을 기회를 놓치지 말라는 말이죠.

A : I'm not sure if I can do this.
   내가 이걸 할 수 있을지 모르겠어.

B : Come on. It's now or never!
   해봐. 지금이 절호의 기회야!

A : The clock is ticking. It's now or never.
   시간이 흐르고 있어. 지금 아니면 기회가 없어.

B : You're right. Let's do this!
   네 말이 맞아. 한 번 해보자!

✓ 지나쌤의 현지 영어 TIP!

2014년 엠마 왓슨의 UN 연설에서도 비슷한 표현이 쓰였어요.

- **If not me, who? If not now, when?**
  내가 아니면 누가 하겠어? 지금이 아니면 언제?

160

그냥(참고로) 말하자면,
Just so you know,

꼭 해야 하는 말은 아니지만 상대방이 알면 좋은 내용을 말할 때
이 표현을 씁니다. '참고로 말하자면', '혹시나 해서 말인데'라는
뜻이죠.

A : **Just so you know,** I used to have a crush
on you. 나 너한테 관심 있었어, 그냥 알고 있으라고.

B : Um, okay. 음, 알겠어.

A : **Just so you know,** we close at 10.
혹시나 해서 말씀드리는데, 저희 매장은 10시에 닫아요.

B : Oh, no problem. 아, 문제없어요.

✅ 지나쌤의 현지 영어 TIP!

같은 의미의 표현을 몇 가지 더 알아볼게요.

- **For your information [FYI]** 참고로 말하자면
- **Just for the record** 혹시 몰라서 하는 말인데
- **I'm just saying.** 그냥 알고 있으라고.

161

도대체 왜? / 어째서?

How come?

How come?을 "어떻게 와?"라고 해석하면 절대 안 돼요.
네이티브들은 납득이 되지 않은 상황에서 "도대체 왜?",
"어째서?"라는 의미로 How come?을 씁니다.
뒤에 '주어+동사'로 구체적 상황을 추가해서 질문할 수도 있어요.

A : I think I should break up with him.
나 그와 헤어져야 할 것 같아.

B : How come? 어째서?

A : How come you didn't do your work?
어째서 네 일을 하지 않은 거야?

B : I fell asleep. 잠들어 버렸어.

✅ 지나쌤의 현지 영어 TIP!

How come?과 같은 의미로, Why?보다 더 강하게 "대체 왜?", "어째서?"
라는 의미로 쓸 수 있는 표현을 더 알아볼게요.

- **What for?** 대체 뭐 때문에?

- **What are you doing this for?** 대체 이걸 뭐 때문에 하는 거야?

- **How so?** 어째서?

162

재촉하지 마.
Don't rush me.

rush는 '급하게 서두르다'라는 뜻이에요. 그런데 나를 자꾸 재촉하는 사람에게 Don't rush me.라고 하면 "재촉하지 마." 라는 말로 쓸 수 있습니다. 다소 짜증 섞인 표현으로 쓰이기 때문에 사용할 때 조심해야 해요.

A : I'm almost done. **Don't rush me**, okay?
거의 끝났어. 재촉하지 마, 알겠니?

B : All right, then. 알겠어, 그럼.

A : Could you hurry up, please? 좀 서둘러 줄래?

B : **Don't rush me.** It won't be long.
보채지 마. 오래 걸리지 않을 거야.

✓ 지나쌤의 현지 영어 TIP!

어떤 걸 하는 데 '시간이 걸리다'로 take을 주로 쓰죠. 상대방을 재촉할 때 쓰는 표현을 볼까요?

- **What's taking so long?** 왜 이렇게 오래 걸려?
- **You always take forever to get ready.**
  넌 준비하는 데 너무 오래 걸려.

163

전 좋아요.
(It) Works for me.

특히 약속 시간을 정할 때, 상대가 제안한 시간에 대해
"전 좋아요."라고 받아들이며 하는 말! 여기서 work는 '일하다'가
아니라 '가능하다'라는 의미입니다. 더 간결하게 Works for me.
/ It works.라고 말하기도 해요.

A : **How about at 7?** 7시 어때?

B : **Works for me.** 좋아.

A : **Tomorrow works for you?** 내일 괜찮아요?

B : **It works for me.** 네, 괜찮아요.

☑ 지나쌤의 현지 영어 TIP!

같은 의미로 다음과 같은 표현들도 있어요.

- **It's fine with me.** 괜찮아요.
- **I'm okay with it.** 좋아요.

164

반반씩 양보하자.
Let's meet halfway.

meet halfway.를 직역하면 '중간에서 만나다'인데, 이 표현은
서로 의견이 좁혀지지 않을 때 반반 양보하자는 의미예요.
Let's meet halfway. 하면 "적당히 양보하자.", "절충하자."라는
뜻이 되죠.

A : Meet me halfway. 너도 노력 좀 해줘.

B : I'm trying. 나도 노력 중이야.

A : Why don't we meet halfway?
우리 서로 양보하는 게 어때?

B : Yeah, we really should. 응, 정말 그래야 할 것 같아.

✓ 지나쌤의 현지 영어 TIP!

약속 장소를 정하는 상황에서 Let's meet halfway.라고 하면 양보하는
의미가 아니라 말 그대로 "중간 지점에서 만나자."라는 뜻이랍니다.

165

잘난 척하지 마.
Get over yourself.

자기중심적이고 잘난 체하는 친구에게 할 수 있는 말입니다.
get over이 '극복하다'라는 의미라고 해서 Get over yourself.를
"너 스스로를 극복해."라고 생각하면 안 돼요.

A : Did you notice how those girls were looking at me? 여자애들이 나 쳐다보는 거 봤어?

B : Get over yourself. 잘난 척 그만해.

A : Why are people so mean and jealous of me? 사람들은 왜 이렇게 못되고 날 질투하는 걸까?

B : Please, get over yourself.
제발, 너 중심적으로 생각하지 마.

✓ 지나쌤의 현지 영어 TIP!

잘난 척과 관련된 표현으로 humblebrag이 있어요. 이 표현은 '겸손한
(humble)'과 '자랑하다(brag)'의 합성어로, '겸손한 척하면서 은근히 제
자랑하는' 사람에게 써요.

166

미안해.
My bad.

작은 실수나 잘못을 했을 때, 가까운 사이에 쓸 수 있는 말입니다.
직역하면 "내 잘못."이므로 어색하게 보일 수 있지만,
"내 잘못이야.", "내 실수야."라는 의미로 정말 많이 쓰여요.

A : You just stepped on my foot.
　　너 방금 내 발 밟았어.

B : My bad. 미안해.

A : Oops, my bad. 앗, 미안해.

B : You're good. 괜찮아.

☑ 지나쌤의 현지 영어 TIP!

상대방이 사과할 때, 대답할 수 있는 표현을 알아볼게요.

- It's all right. = It's fine. 괜찮아요.
- No worries. 걱정할 필요 없어요.
- You're good. [친한 사이에] 괜찮아.

167

비밀이야.

It's just between you and me.

비밀을 공유하며 "절대 말하면 안 돼.", "이건 우리 둘 사이의 비밀이야."라고 상대방에게 강조할 때 쓰는 표현이에요. 굳이 secret(비밀)이라는 단어를 쓰지 않고 비밀을 말하는 거죠.

A : **It's just between you and me.**
이건 우리 둘만 아는 거야.

B : **My lips are sealed.** 절대 말 안 할게.

A : You can't tell anyone about this, **it's just between you and me.**
절대 말하면 안 돼, 이건 우리 둘만의 비밀이야.

B : Don't worry, I won't tell anyone.
걱정 마, 아무에게도 말하지 않을게.

✓ 지나쌤의 현지 영어 TIP!

상대가 비밀을 지켜 달라고 했을 때, 말하지 않겠다고 대답해 볼까요?

• **My lips are sealed.** 절대 말 안 할게(내 입술은 닫혔어).

• **I won't say a word.** 나 한 마디도 안 할 거야.

• **I won't tell anyone.** 아무한테도 말하지 않을게.

168

어쩔 수 없어.

I can't help it.

살다 보면 어찌할 수 없는 상황이 종종 있죠. 이럴 때 I can't help it.을 쓰는데, 직역해서 "나는 그것을 도울 수가 없어."라고 생각하면 안 돼요. 어떤 상황을 도울 수 없을 만큼 어쩔 수 없다는 의미입니다.

A : **What's wrong with you?** 너 도대체 뭐가 문제니?

B : **I can't help it.** 나도 어쩔 수가 없어.

A : I know I made a mistake, but **I couldn't help it.** 나도 내 실수란 걸 알아, 그치만 어쩔 수 없었어.

B : **That's your excuse?**
그게 네 변명이니?

✅ 지나쌤의 현지 영어 TIP!

"어쩔 수 없어."에 대한 다른 표현들을 알아볼게요.

- **It can't be helped.** 어쩔 수 없어.
- **I am out of control.** 나도 제어할 수 없어.

169

그냥 내 생각일 뿐이지만,

For what it's worth,

자신의 말에 확신이 없을 때나 상대방을 위로할 때 등 폭넓게
쓰이는 표현이에요. "그 가치가 얼만큼인지는 모르지만"이라는
직역보다 "그냥 내 생각일 뿐이지만"이라는 뜻으로 알아 두세요.

A : That's my opinion, **for what it's worth.**
그게 내 의견이야, 중요할진 모르겠지만.

B : Thanks for your opinion. 의견 고마워.

A : **For what it's worth,** I think you made the
right choice.
위로가 될진 모르겠지만, 너의 선택은 옳았다고 생각해.

B : It's kind of you to say so. 그렇게 말해 줘서 고마워.

✅ 지나쌤의 현지 영어 TIP!

누군가를 위로할 때는 문장 앞뒤에 다음과 같은 표현을 붙여서 말할 수도
있어요.

- **If it's any consolation,** 위로가 될지 모르겠지만,
- **If it makes you feel better,** 이걸로 너의 기분이 좋아질 수 있다면,

170

뻔하지.

It's obvious.

상대방의 속이 훤히 들여다보일 때 "뻔하지."라고 하죠?
네이티브들은 이럴 때 It's obvious.라고 말해요. "완전 뻔하지."
라고 강조하고 싶다면 so를 넣어 말하면 됩니다.

A : Do you think he likes me?
그가 나를 좋아하는 걸까?

B : It's obvious, isn't it? 뻔하잖아, 안 그래?

A : Isn't it obvious? 뻔한 거 아니야?

B : Yeah, it's so obvious. 응, 완전 뻔하지.

✓ 지나쌤의 현지 영어 TIP!

말하나 마나 한 당연한 것에 대답할 때 네이티브들은 Duh!(당연하지!)
한 단어로 말하곤 해요. 우리말의 '헐' 같은 감탄사인데, 가까운 친한
사이에서 쓰는 표현이랍니다.

A: Are you coming to my party tonight?
오늘 밤 내 파티에 올 거야?
B: Duh, of course I am! 헐, 당연히 가지!

07

Chapter 7 MP3

콩글리시
바로 잡기

한국인만
틀리는 표현

딱히 별거 안 해.

I'm just chilling.

틀린 표현: I'm doing nothing.

딱히 무언가 집중해서 하지 않고 빈둥대고 있을 때,
"쉬는 중이야.", "딱히 별거 안 해."라는 말을 하죠. 이때는 '느긋
하게 있다'라는 뜻의 chill을 써서 I'm just chilling.이라고 해요.

A : **What are you up to?** 뭐 하고 있어?

B : **I'm just chilling.** 그냥 빈둥대고 있어.

A : **What's up?** 뭐 하고 있어?

B : **(I'm) Just chilling.** 딱히 별거 안 해.

✅ 지나쌤의 현지 영어 TIP!

빈둥거리고 있는 상황에 이런 표현도 사용해요.

- **(I'm) Just hanging out.** 난 그냥 놀고 있어.

- **I spent the weekend just lazing around.**
  빈둥거리며 주말을 보냈어.

172

너야말로!

Look who's talking!

틀린 표현: You are same!

본인의 흠은 생각하지 않고 남만 탓하는 사람에게 "너야말로!"
라고 말할 때는 same이라는 표현 대신 Look who's talking!
이라고 합니다. 직역하면 "누가 얘기하는지 좀 봐!"로, "누가
누구 얘기하는 거야?"라는 의미죠.

A : **You drink too much.** 넌 술을 너무 많이 마셔.

B : **Look who's talking!**
　　너야말로! (너도 술 많이 마시잖아.)

A : **I think he's too lazy.** 그는 좀 게으른 것 같아.

B : **Look who's talking!**
　　사돈 남 말하네! (너도 게으르잖아!)

✓ 지나쌤의 현지 영어 TIP!

이 표현은 긍정적인 의미로도 자주 사용해요. 상대가 나를 칭찬할 때
센스 있게 칭찬을 돌려줄 수 있죠.

A: You look great today! 오늘 멋진걸!
B: Look who's talking. You look nice too! 너야말로 정말 멋져!

173

난 네 편이야.

I got your back.

틀린 표현: I'm your side.

"난 네 편이야."라고 상대방을 응원할 때 I'm your side. 같은
문장이 떠오르겠지만, 사실 "내가 너의 뒤에 있어."라는 의미로
I got your back.이라고 해요. 내가 너의 뒤를 봐 주고 있다는
의미죠.

A : **I got your back.** 난 네 편이야.

B : **Thank you.** 고마워.

A : **What should I do now?** 이젠 어쩌지?

B : **Don't worry. I got your back.**
걱정하지 마. 내가 편이 되어 줄게.

✓ 지나쌤의 현지 영어 TIP!

"나는 네 편이야."라는 표현으로 '쪽', '편'을 뜻하는 side를 쓰고 싶다면
전치사 on을 써서 I'm on your side.라고 해야 해요. "나는 너의 쪽에 서 있
어."라는 의미죠.

174

나 약속이 있어.

I have plans.

틀린 표현: I have an appointment.

"나 약속 있어."라고 할 때 한국인이 가장 많이 실수하는 표현이 I have an appointment.예요. 하지만 appointment는 주로 '예약' 같은 공식적인 일정에 해당되기 때문에, 친구와 가족끼리의 캐주얼한 약속은 plans라고 말해요.

A : Are you free tonight? 오늘 밤에 시간 있어?

B : Not really, **I have plans** with my friends.
아니, 나 친구들이랑 약속 있어.

A : Can you help me with my homework?
나 숙제 좀 도와줄 수 있어?

B : Sorry, **I have plans.** 미안, 나 약속이 있어.

✓ 지나쌤의 현지 영어 TIP!

appointment와 plans는 헷갈리기 쉬워요. 병원 진료 예약이나, 회의, 면담 과 같은 공식적인 약속은 appointment, 친구들과 영화를 보거나 카페에 가는 등 개인적이고 일상적인 약속은 plans를 사용합니다.

175

파이팅!

Let's go! / Good luck!

틀린 표현: Fighting!

우리가 상대방을 응원하며 흔히 사용하는 Fighting!은 사실 콩글리시예요. 영어로 누군가를 응원할 때는 상황에 따라 조금씩 다른 표현을 사용하기 때문에 그 상황을 잘 따져 봐야 해요.

A : The game is about to start. 이제 곧 게임이 시작해.

B : Let's go Korea! 한국 파이팅!

A : I have a job interview this Friday.
이번주 금요일에 면접이 있어.

B : Good luck with that! 행운을 빌어(파이팅이야)!

☑ 지나쌤의 현지 영어 TIP!

- 경기를 응원할 때: **Let's go, Tigers!** 타이거스 파이팅!
- 위로할 때: **Things will get better soon.** 곧 상황이 좋아질 거야.
  Hang in there. 조금만 더 견뎌.
- 함께 기운을 북돋울 때: **Let's do this!** 한번 해 보자!
  We've got this! 우린 할 수 있어!
- 상대방을 응원할 때: **Good luck!** 행운을 빌어!

176

안부 전해줘.

Please say hi.

틀린 표현: Please greet him/her.

상대방에게 안부 인사를 전하고 싶을 때 '인사'라고 생각해서 greet이 떠오를 수도 있어요. 하지만 네이티브들은 say hi라는 표현으로 '안녕을 말해 주다'라는 말을 한답니다. 누구에게 안부를 전할지는 뒤에 to를 붙여서 표현해요.

A : Please say hi to your wife for me.
부인께 대신 안부 전해주세요.

B : I will. 그럴게요.

A : I called to say hi. 안부인사 하려고 전화했어요.

B : Long time, no talk! How have you been?
얘기한 지 너무 오래됐다! 어떻게 지냈어?

☑️ *지나쌤의 현지 영어 TIP!*

안부를 전해 달라는 표현을 더 알아볼게요.

Give my regards to ~ = Send my regards to ~ = Tell ~ I said hi.

177

먼저 가세요. / 먼저 하세요.
After you.

틀린 표현: Go earlier.

"먼저 가세요."라고 양보할 때 네이티브들은 '먼저'라는 뜻의
earlier을 쓰지 않아요. "당신 다음에 (갈게요/할게요)."라는
의미로 After you.라고 한답니다.

A : **After you.** 먼저 가세요.

B : **Thank you very much.** 정말 감사합니다.

A : **Go ahead.** 하세요.

B : **No no, after you.** 아니에요, 먼저 하세요.

✓ 지나쌤의 현지 영어 TIP!

미국에선 뒷사람을 위해 문을 잡아 주는 게 기본적인 매너 중 하나예요.
뒷사람이 아직 먼 곳에 있을 때에도 문을 잡고 있는 장면을 자주 볼 수
있죠. 양보를 받았을 경우엔 Thank you very much!라고 꼭 인사해 보세요.

178

심심해. / 지루해.
I'm bored.

틀린 표현: I'm boring.

심심하고 지루하다고 할 때 주로 I'm boring.이라고 실수하는데, I'm bored.라고 해야 해요. I'm boring.이라고 하면 "나는 지루한 사람이야."라는 의미가 되기 때문에 주의해야 해요.

A : **I'm bored to death.** 나 지루해서 죽을 것 같아.

B : **So am I.** 나도 그래.

A : **I'm bored. What should I do?**
따분하다. 뭘 해야 할까?

B : **Try out a new hairstyle.** 새 머리스타일을 시도해봐.

✓ 지나쌤의 현지 영어 TIP!

bore(지겹게 하다), excite(신나게 하다) 등의 감정동사에 -ing가 오면 그 감정을 느끼게 하는 주체가 그렇다는 것을 의미해요. 반면 -ed가 오면 그 감정을 느끼게 된 사람의 기분을 표현할 수 있어요.

• **The movie was disappointing.** 그 영화는 실망스러웠어.

• **I was disappointed.** 나는 실망했어.

179

같이 놀자!

Let's hang out!

틀린 표현: Let's play!

친구와 놀고 싶을 때 Let's play.라는 말이 떠오를 수 있어요.
하지만 play는 어린 아이들이 장난감을 가지고 놀 때 사용하는
표현이에요. 영화를 보거나, 카페에서 이야기를 하며 **시간을**
보낸다는 개념의 '놀다'는 hang out이라고 표현합니다.

A : Let's hang out sometime. 언제 한번 놀자.

B : Sounds great. 완전 좋아.

A : We're hanging out. 우리 놀고 있어.

B : Okay, have fun! 그래, 재밌게 놀아!

☑ 지나쌤의 현지 영어 TIP!

hang out은 '시간을 보낸다'는 의미가 있으므로
누구와 시간을 보내는지 말하려면 뒤에 with를 붙여 줘요.

• **I'm going to** hang out with **my friends tonight.**
  오늘 밤에 친구들이랑 놀 계획이야.

180

술 마시러 가자!

Let's go drink!

틀린 표현: Let's drink alcohol!

alcohol이 '술'을 의미하지만, "술 마시자."라고 할 때 alcohol을 붙이지는 않아요. 이미 drink 안에 '술'이라는 의미가 내포되어 있기 때문이죠. "술 마시러 가자!"라고 할 때는 go를 붙여서 Let's go drink!라고 하면 돼요.

A : **Let's go drink.** 술 마시러 가자.

B : **That sounds like a great plan.** 좋은 계획 같다.

A : **I'm so bored. What should we do?**
지루하다. 뭐 할까?

B : **Let's go drink!** 술 마시러 가자!

✅ 지나쌤의 현지 영어 TIP!

drink 뒤에 alcohol을 쓰는 경우는 잘 없지만 beer(맥주), wine(와인), soju(소주) 등의 술 종류는 쓸 수 있어요.

- **Do you wanna go drink some wine?** 와인 마시러 갈래?
- **Hey, wanna go drink beer?** 맥주 마시러 갈래?

181

나 취했어.

I'm drunk.

틀린 표현: I'm drunken.

"나 취했어."라고 할 때 네이티브들은 I'm drunk.라고 하지
I'm drunken.이라고 말하지 않아요. 문장이 틀린 것이 아니라
네이티브들이 거의 쓰지 않으므로 많이 쓰는 표현을 알아 두세요.
I'm high.는 마약에 취한 상태를 뜻하므로 조심해야 해요.

A : Wait a minute, are you drunk?
잠시만, 너 취한 거야?

B : No, I'm sober. 아니, 나 완전 멀쩡해.

A : I think I'm drunk. 나 취한 것 같아.

B : Are you serious? 진심이야?

✅ 지나쌤의 현지 영어 TIP!

취한 단계는 다음과 같이 표현해요.

sober(멀쩡함) < **buzzed**(기분 좋은 정도) < **tipsy**(알딸딸함)
< **drunk**(취함) < **hammered/wasted/trashed**(만취)

182

부럽다.
I'm jealous.

틀린 표현: I envy you.

누군가가 부러울 때 I envy you.를 떠올리셨나요? 사실 이 표현은
어감이 강하고 부정적인 뉘앙스가 섞여 있어서 네이티브들은
잘 쓰지 않아요. 대신 I'm jealous.라고 합니다. jealous는
질투뿐 아니라 부러워하는 감정까지 포괄하는 의미예요.

A : I'm going on a trip to Paris. 나 파리로 여행 가.

B : What? I'm so jealous! 뭐라고? 정말 부럽다!

A : I'm jealous! 부러워!

B : Jealous of what? 뭐가 부러운 건데?

✓ 지나쌤의 현지 영어 TIP!

요즘 십대들은 jealous 대신 jelly라는 귀여운 슬랭을 사용하기도 해요.

- **You got that for free? I'm so jelly!**
  그걸 공짜로 얻었다고? 진짜 부럽다!
- **I get jelly when I see them together.**
  걔네가 같이 있는 걸 보면 질투 나.

(전화에서) 누구세요?

Who is this?

틀린 표현: Who are you?

전화상에서 "누구세요?"라고 물을 때, 네이티브들은 Who's this?라고 해요. "이 목소리 누구예요?"라는 느낌이죠. 대놓고 Who are you?라고 하면 무례하게 느껴진답니다. "나는 ~야." 라고 할 때는 I'm ~이 아닌 It's를 사용해서 말해요.

A : Who's this? 누구세요?

B : It's Lilly. 릴리예요.

A : Hello, it's Rachel. 안녕하세요, 레이첼이에요.

B : Who is this again? 누구시라고요?

☑ 지나쌤의 현지 영어 TIP!

전화로 소통할 때는 표정이나 바디랭귀지를 사용할 수 없기 때문에 제대로 된 표현을 아는 것이 중요해요. 유용한 전화 표현들을 알아볼게요.

- **She's out at the moment.** 그녀는 지금 부재 중이에요.
- **May I have your name, please?** 성함을 알려 주시겠어요?
- **I'll call you a minute later.** 잠시 후에 다시 전화할게요.

184

센스 있네.
You're thoughtful.

틀린 표현: You have sense.

눈치도 빠르고 세심한 배려를 잘하는 사람에게 "너 센스 있다."
라고 하죠. 영어에서의 sense는 오감과 같은 '감각'을 의미하기
때문에 이럴 땐 쓰지 않아요. 대신 배려심이 깊고 잘 헤아린다는
의미로 You're thoughtful.이라고 합니다.

A : I'll give you a ride. 내가 태워 줄게.

B : You're really thoughtful. Thanks.
넌 정말 센스 있어. 고마워.

A : I got you a little gift. 널 위해 작은 선물을 준비했어.

B : How thoughtful! Thank you.
정말 센스 있다! 고마워.

☑ 지나쌤의 현지 영어 TIP!

considerate도 thoughtful과 비슷한 의미로 '사려 깊은'이라는 뜻을
가지고 있지만, 조금 무거운 느낌이어서 일상생활에선 thoughtful을
더 추천합니다.

185

나 스트레스 엄청 받아.
I'm stressed out.

틀린 표현: I'm stressful.

스트레스가 가득한 상황에서 쓰는 표현이에요. 흔히들 실수
하는 I'm stressful.은 잘못된 표현이고, It's stressful.이라고
해야 해요. 하지만 네이티브들은 내가 스트레스 받는 것이므로
I'm stressed out.라는 말을 훨씬 많이 사용한답니다.

A : I'm stressed out. 나 스트레스 엄청 받아.

B : What's bothering you? 뭐가 널 귀찮게 하니?

A : I'm stressed out. What should I do?
  스트레스 엄청 받아. 어떡해야 할까?

B : I think you need a break. 너 휴식이 좀 필요해 보여.

☑️ 지나쌤의 현지 영어 TIP!

stressful은 스트레스를 많이 주는 상황이나 일, 그런 날에 대해서 주로
사용해요.

- **It's a stressful day.** 스트레스 많은 날이야.
- **It's stressful work.** 스트레스 많은 일(업무)이야.
- **It's a stressful time.** 스트레스가 많은 시간이야.

186

창피해.

I'm embarrassed.

틀린 표현: I'm shy.

'부끄러운' 감정을 말할 때 shy는 수줍어 한다는 뉘앙스가 있어서
상황에 따라 어울리지 않을 수 있어요. **민망하고 창피할 땐**
embarrassed를 써야 한답니다.

A : Are you blushing? 너 얼굴 빨개진 거야?

B : I'm so embarrassed! 민망하다!

A : I slipped on the floor. 나 바닥에서 미끄러졌어.

B : You must be embarrassed. 창피했겠다.

☑ 지나쌤의 현지 영어 TIP!

embarrassed는 '당황하고 민망한 상황'에 사용된다면, ashamed는
정의롭지 못한 행동에 대해 '떳떳하지 못함에서 오는 부끄러움'을
말할 때 사용됩니다.

• **I ran into her and I was so embarrassed.**
그녀를 우연히 만나고 너무 당황스러웠어.

• **I'm ashamed of what I've done.**
난 내가 한 일이 부끄러워. (떳떳하지 못해.)

187

이 바보야.
You're silly/weird.

틀린 표현: You're stupid.

친한 사이에 장난치면서 "바보야~!"라고 놀릴 때 You're stupid!
하면 친구가 상당히 기분 나빠할 수 있어요. stupid는 지능이
떨어진다는 의미도 내포되어 있기 때문이죠. 대신 **보다 가벼운
의미인 silly나 weird를 사용해요.**

A : **You're being silly.** 너 정말 못 말려.

B : **Well, that's me!** 난 원래 그래!

A : **You're weird.** 넌 정말 못 말려.

B : **Haha, I know.** 하하, 그러니까.

✅ 지나쌤의 현지 영어 TIP!

stupid는 정말 지능이 나쁘고 멍청하다는 의미로 상당히 공격적인 말이
될 수 있는 반면, silly는 상대가 엉뚱하게 굴 때 농담처럼 쓴답니다.

188

축하해!

Congratulations!

틀린 표현: Congratulation!

상대방을 축하하고 싶을 때 Congratulation!이 아니라 뒤에 꼭 s를 붙여서 Congratulations!라고 해요. Congratulations 뒤에 on을 붙여서 구체적으로 축하하는 내용을 덧붙일 수도 있어요. Congratulations.는 줄여서 Congrats.라고 말하기도 해요.

A : I got first place at the competition.
그 경기에서 내가 1등 했어.

B : Congratulations! You deserve it!
축하해! 넌 자격이 있어!

A : Congratulations on your graduation.
졸업 축하해.

B : Thank you, I appreciate it. 정말 고마워.

✅ 지나쌤의 현지 영어 TIP!

생일을 축하할 때는 Congratulations.라고 하지 않아요. Congratulations.는 본인의 노력이나 의지로 이룬 것에 대해 축하할 때 쓰는데, 탄생은 자신의 노력으로 이룬 것이 아니기 때문이죠. 생일엔 Happy Birthday!라고 축하해 주세요.

189

원래
have been

틀린 표현: originally

"이거 원래 그래."라고 말할 때 originally만 떠오르나요? 하지만 네이티브들은 딱 떨어지는 단어 대신 **have been**을 사용해요. 사람이나 물건이 이전부터 늘 같은 상태임을 표현하는 거죠.

A : Did you get a new chair? 너 새 의자 샀어?

B : No, it has been here. 이거 원래 여기 있었어.

A : Why is she so rude to me?
쟤 나한테 왜 무례하게 구는 거야?

B : She's always been like that. 쟤 원래 저러잖아.

☑ 지나쌤의 현지 영어 TIP!

구체적인 내용을 언급하지 않고 원래 그렇다는 것을 표현하는 문장들도 있어요.

- **That's the way it is.** 원래 그런 거잖아.
- **That's how things are.** 다 그렇게 굴러가잖아.
- **It's always like this.** 원래 [항상] 이래.

190

이건 서비스예요.
It's on the house.

틀린 표현: It's service.

가게에서 무료로 음식이나 서비스를 제공하면서 "서비스
입니다."라고 할 때 service를 그대로 쓰면 안 돼요. It's on
the house.(저희 매장에서 대접할게요.)라고 말해야 해요.

A : Excuse me, I didn't order this.
저기요, 저 이건 안 시켰는데요.

B : It's on the house. 서비스입니다.

A : Your first drink is on the house.
첫 잔은 우리 가게에서 씁니다.

B : Oh, thanks! 오, 감사해요!

✓ 지나쌤의 현지 영어 TIP!

It's on the house.는 "저희 매장에서 대접할게요."라는 표현이죠.
the house 대신 me로 바꿔서 It's on me.라고 하면 "내가 쏠게."라는
표현이 돼요.

그건 케바케야. / 상황에 따라 달라.

It depends.

틀린 표현: It's case by case.

상황에 따라 다른 경우에 요즘 흔히 '케바케(케이스 바이 케이스)'
라고 하죠. 하지만 이 표현은 콩글리시로, 네이티브들은 거의
쓰지 않아요. 대신 It depends.라고 하여 "그건 상황에 따라
달라."라는 말을 쓰죠.

A : Do you like to stay at home?

너 집에 있는 거 좋아해?

B : **It depends.** 때에 따라 달라.

A : Can I ask you a personal question?

개인적인 질문 하나 해도 돼요?

B : **It depends.** 질문에 따라 다르죠.

✓ 지나쌤의 현지 영어 TIP!

구체적으로 '어떤 상황'에 따라 다르다는 말을 할 때에는 It depends 뒤에
on을 붙여 말할 수 있어요.

• **It depends on the weather.** 날씨에 따라 달라요.

• **It depends on your decision.** 당신의 결정에 달려 있어요.

192

TMI 그만해.
Stop oversharing.

틀린 표현: Stop TMI.

자신의 정보를 속속들이 공개하는 친구에게 "TMI 그만해."라고
말할 때 TMI라는 단어를 직접 쓰면 '정말 알고 싶지 않은 싫은
얘기'를 공유한다는 뉘앙스여서 주의해야 해요. 대신 overshare
라는 단어를 사용하세요.

A : Did I tell you why me and my girlfriend
   broke up? 내가 왜 헤어졌는지 말했었나?

B : Stop **oversharing**! 너무 다 말하지 마!

A : She has an **oversharing** problem.
   걔 너무 다 공유해서 문제야.

B : Tell me about it. 내 말이 그 말이야.

✅ 지나쌤의 현지 영어 TIP!

overshare는 '공유하다'라는 뜻을 지닌 share와 '(도를) 지나치는'이라는
의미의 over가 결합된 영어 신조어예요. SNS을 포함해서 오프라인에서도
상대가 들을 준비가 되지 않았는데도 자신에 대해 지나치게 공개하는 걸
의미해요.

193

저 솔로예요.
I'm single.

틀린 표현: I'm solo.

배우자나 애인이 없는 사람을 우리는 '솔로'라고 하죠. 영어로는
solo가 아닌 single이라고 합니다. solo는 음악에서 '독창', '독주'
등 홀로 하는 파트를 말할 때 사용돼요.

A : Are you married? 당신은 결혼하셨나요?

B : No, I'm single. 아니요, 전 미혼이에요.

A : Is he single? 걔 싱글이야?

B : I'm not sure. 잘 모르겠네.

☑ 지나쌤의 현지 영어 TIP!

연애/결혼 상태와 관련한 다양한 표현을 알아볼게요.

• **She is taken.** 그녀는 이미 임자가 있어

• **He is off the market.** 그는 품절남이야.

• **I'm forever alone.** 난 모태솔로야.

194

오랜만에 만나서 반가워.

(It's) Good to see you.

틀린 표현: (It's) nice to meet you.

아는 사람을 오랜만에 만나서 반가울 때 It's nice to meet you. 라고 하면 안 돼요. 이 표현은 "처음 만나서 반가워요."라는 의미로, 두 번째 만남부터는 It's good to see you.라고 해야 해요.

A : **It's good to see you.** 반갑다. (오랜만에 만난 상황)

B : **Good to see you.** 반가워.

A : **Good to see you** again. 다시 만나서 반가워요.

B : **It's been too long! How have you been?**
너무 오래됐네요! 어떻게 지냈어요?

✓ 지나쌤의 현지 영어 TIP!

처음 만난 사이에서 It's nice to meet you.라는 인사에 "저도요."라는 의미로 Me too.라고 하면 안 돼요. 그러면 "저도 저를 만나 반가워요."라는 어색한 표현이 되기 때문에 It's nice to meet you too. 또는 You too.라고 해야 합니다.

195

그는 덩치가 커.

He's large.

틀린 표현: He's fat.

'뚱뚱한'이 fat은 맞지만, 실제로 말로 하는 것은 무례하게 느껴질 수 있어요. 외국에선 외모에 대한 얘기를 하는 것이 조심스럽고, 하더라도 완곡하게 돌려서 얘기하기 때문이죠. 뚱뚱한 것을 간접적으로 표현하는 large(덩치가 큰), chubby(통통한), stout (튼튼한) 등을 쓸 수 있어요.

A : Is he large? 그는 덩치가 크니?

B : No, he isn't. 아니, 그렇지 않아.

....

A : What type of guys do you like?
어떤 남자가 좋아?

B : I like chubby guys. 난 살집 있는 남자가 좋아.

☑️ 지나쌤의 현지 영어 TIP!

한국에서는 마른 체형을 선호하는 경향이 있다 보니 You're skinny.라고 칭찬하는 경우가 있어요. 사실 skinny는 삐쩍 말랐다는 부정적인 어감의 표현이에요. fit / shape이라는 표현으로 바꿔서 표현해 보세요.

196

할머니
Old lady

틀린 표현: Grandmother

한국어로는 우리 할머니도 '할머니', 길에서 마주친 할머니도
'할머니'라고 하죠. 영어로는 누군가의 가족에만 grandmother을
사용합니다. '가족 관계가 아닌 할머니/할아버지'는 old lady/
man(노인)이 옳은 표현이에요.

A : I helped an old lady earlier.
아까 할머니 한 분을 도와드렸어.

B : How kind! 친절하구나!

A : I gave my seat to an old lady on the bus.
버스에서 할머니 한 분께 자리를 양보했어.

B : That's very thoughtful. 배려 있는 행동이었네.

✓ 지나쌤의 현지 영어 TIP!

영어로도 '어르신', '연장자'와 같이 예의를 갖춘 표현을 할 수 있어요.

- **An elderly person** 어르신
- **Elders** 연세 드신 분들
- **A senior citizen** 고령자

197

맛있어?

Is it good?

틀린 표현: Is it delicious?

"음식 맛있어?"라고 물어볼 때 Is it delicious?라고 하면 네이티브들은 당황할 수도 있어요. 네이티브들은 **Is it good?**을 훨씬 더 많이 사용하거든요. delicious는 '맛있다'보다 훨씬 더 강한 의미라서 너무 과하게 들릴 수 있어요.

A : Is it good? 맛있어?

B : Yeah, it's so tasty. 응, 정말 맛있어.

A : Is it good? 맛있어?

B : Well, I think it went bad.
그게, 음식이 상한 것 같네.

✓ 지나쌤의 현지 영어 TIP!

맛과 관련된 표현들을 몇 가지 알아볼게요.

- **It's tasty!** 맛있어요!
- **It tastes so bad.** 너무 맛이 없어요.
- **It tastes funny.** 맛이 이상해요.

198

머리 잘랐어.

I got a haircut.

틀린 표현: I cut my hair.

네이티브들은 '머리카락을 자르다'를 cut my hair라고
잘 하지 않아요. 대신 haircut이라는 명사를 사용해서
get a haircut(머리를 자르다)이라고 해요.

A : You look a little different today.
　　오늘 좀 달라 보이는데.

B : I got a haircut! 나 머리 잘랐어!

- -

A : I got a haircut today. 나 오늘 머리 잘랐어.

B : Your haircut looks great. 머리 자른 것 멋지다.

☑ 지나쌤의 현지 영어 TIP!

미용실에서 쓸 수 있는 표현은 다음과 같은 것들이 있어요.

- **I'd like a trim.** 머리 다듬어 주세요.
- **I'd like my hair cut short.** 짧게 자르고 싶어요.
- **I want to dye my hair.** 머리 염색하고 싶어요.

199

나 억울해.
It's unfair.

틀린 표현: I'm unfair.

부당하게 억울한 일을 당했을 때 "저 억울해요!"는 I'm unfair!가 아닌 It's unfair!가 맞습니다. 상황에 대해 부당함을 느낀 것이기 때문에, 주어에 사람이 아닌 상황이나 문제가 와야 하는 거죠.

A : **It's unfair. It's not me.**
  억울해. 내가 한 게 아니란 말이야.

B : **I trust you.** 난 너 믿어.

A : **I'm sorry you didn't get the promotion.**
  죄송하지만 승진이 안 되셨어요.

B : **It's unfair. I worked so hard.**
  불공평해요[억울해요]. 저 열심히 일했단 말이에요.

✓ 지나쌤의 현지 영어 TIP!

억울함을 표현하는 다양한 표현을 더 알아볼게요.

• **I'm innocent.** 전 결백해요.

• **It wasn't me.** 제가 한 게 아니에요.

• **I was set up.** 전 함정에 빠졌어요.

200

너무 더워!

It's so hot!

틀린 표현: I'm hot.

더운 여름 날 많은 분들이 I'm so hot.이라고 하는데요, 이 표현은 "덥다."가 아닌 "나는 섹시하다."라는 의미를 담고 있어요.
날씨가 매우 덥다고 표현할 때는 It's so hot.으로 말해야 해요.

A : It's so hot. 너무 덥다.

B : Yeah, it's scorching today. 응, 타는 듯이 더워.

A : It's so hot today, isn't it?
날씨가 매우 덥네요, 그렇죠?

B : It is! 정말 그래요!

✅ 지나쌤의 현지 영어 TIP!

날씨, 날짜, 시간 등을 나타낼 땐 주어로 It을 사용한다는 점을 주의하세요.

- **It's hot and humid.** 덥고 습해.
- **It's Tuesday.** 화요일이에요.
- **It's 7 o'clock.** 7시야.

부록

통문장
영작하기

앞에서 배운 회화 문장들을 우리말만 보면서 통으로
영작을 해 보세요. 문장을 전체 다 외워야 회화에서도
활용이 가능하답니다.

1 별일 없어?

2 어떻게 지내?

3 어떻게 지냈어?

4 별일 아냐.

5 어떻게 됐어요?

6 이건 어때?

7 자니?

8 (날씨가) 쌀쌀하네.

9 너무 춥다.

10 이것 좀 봐 봐!

11 잠시 기다려 줘.

12 언제부터?

13 (그럴) 가치가 있어.

14 그런 일도 있는 거지.

15 원래 다 그래.

16 약속할게. / 장담할게.

17 타이밍이 안 좋구나.

18 꼭 그렇지는 않아.

19 상관없어.

20 왜 그렇게 오래 걸렸어?

21 문 좀 닫아 줄래(열어 줄래)?

22 새치기하지 마세요.

23 줄 선 거야?

24 자리 있나요?

25 난 제시간에 왔어.

26 확실하지 않아.

27 시간 가는 줄 몰랐네.

28 나 늦잠 잤어.

29 혹시 몰라서 말이야.

30 집중해!

31 신경 안 써.

32 진심이야? / 실화야?

33 다행이네요!

34 나 그럴 기분 아니야.

35 오글거려.

36 마음이 안 좋네요.

37 대박이네!

38 어쩐지. / 놀랍지도 않네.

39 나 기겁했어.

40 나 완전 피곤해.

41 신경 거슬리게 하지 마.

42 괜찮아요. / 사양할게요.

43 부탁 하나만 들어줄래?

44 진정해.

45 어렵네요. / 힘들어요.

56 벅차네. / 과하네.

57 신기한데!

58 너무 기대돼!

59 궁금해 죽겠네!

60 그래서 그랬구나.

61 잘됐네요!

62 계속해.

63 내 말 맞지?

64 진심이 아니었어.

65 오해하지 마세요.

66 네 알 바 아니잖아.

67 그 얘기 꺼내지 마세요.

68 간단히 말해서,

69 말이 안 되잖아.

70 다 괜찮은 거죠?

71 목소리 낮춰 주세요.	
72 당분간은	
73 지금부터,	
74 그게 묘미지.	
75 (강조할 때) 말그대로,	
76 나 좀 내버려둬.	
77 나 토할 것 같아.	
78 내가 왜 그랬지?	
79 괜찮으시다면,	
80 마음이 바뀌었어.	
81 건배!	
82 우리 전에 만난 적 있나요?	
83 금방 돌아올게.	
84 너답지 않아.	
85 나 어제 밤새웠어.	

86 그녀에게 고백해!

87 만나는 사람 있어?

88 그녀는 내게 과분해.

89 어장관리 하지 마.

90 그녀가 잠수 탔어요.

91 그녀가 나를 찼어.

92 실물이 더 멋지세요!

93 남편감

94 우리 공통점이 많네요.

95 걔한테 완전 빠졌어.

96 소개팅 시켜 줘.

97 넌 너무 눈이 높아!

98 걔 내 전 남친이야.

99 우리 친한 사이야.

100 밥 잘 챙겨 먹어.

111 이럴 줄 몰랐어.

112 오늘 정말 힘들었어.

113 여기까지 합시다.

114 내가 해냈어!

115 나눠서 내자. / 더치페이하자.

116 넌 제멋대로야.

117 철 좀 들어라!

118 그럭저럭이에요. / 불만은 없어요.

119 나 필 받았어!

120 나 다 했어.

121 내가 처리할게.

122 여긴 무슨 일이야?

123 이거 작동이 안 돼요.

124 음식이 상했어.

125 뜬금없어.

141 그거 알아?

142 왜 이래~!

143 나 좀 태워다 줄 수 있어?

144 그렇게 하세요.

145 그 정도 했으면 됐어! / 그만해!

146 그게 다야?

147 괜찮아요.

148 그 말 취소할게.

149 너답게 행동해.

150 자책하지 마.

151 말 조심해!

152 곧 뒤따라갈게.

153 너그럽게 봐줘.

154 노력 중이야.

155 보아하니, / 듣자 하니,

171 딱히 별거 안 해.

172 너야말로!

173 난 네 편이야.

174 나 약속이 있어.

175 파이팅!

176 안부 전해줘.

177 먼저 가세요. / 먼저 하세요.

178 심심해. / 지루해.

179 같이 놀자!

180 술 마시러 가자!

181 나 취했어.

182 부럽다.

183 (전화에서) 누구세요?

184 센스 있네.

185 나 스트레스 엄청 받아.